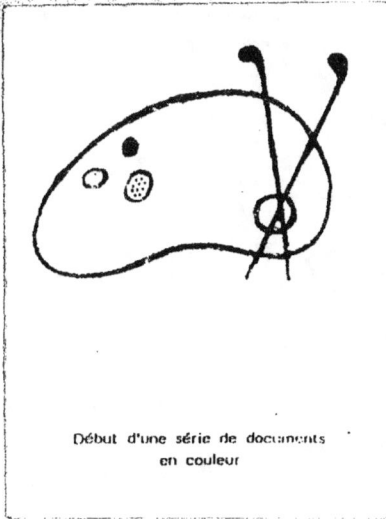

Début d'une série de documents en couleur

Couverture inférieure manquante

L. LEX et S. BOUGENOT

JOURNAL DE FAMILLE

DES DUPRÉ

BOURGEOIS DE MACON ET DE TOURNUS
(1407-1520)

Extrait des Annales de l'Académie de Mâcon
(3ᵉ Série. — Tome II)

MACON
PROTAT FRÈRES, IMPRIMEURS
1898

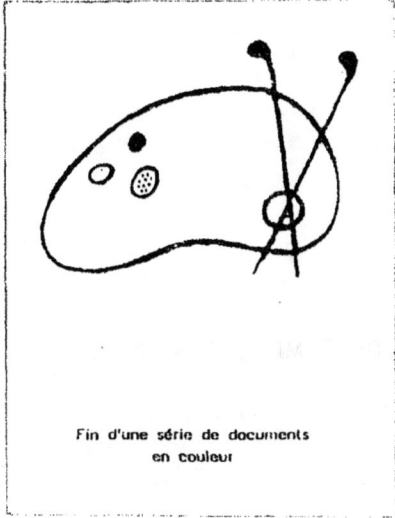

Fin d'une série de documents
en couleur

JOURNAL DE FAMILLE DES DUPRÉ

BOURGEOIS DE MACON ET DF TOURNUS

L. LEX et S. BOUGENOT

JOURNAL DE FAMILLE

DES DUPRÉ

BOURGEOIS DE MACON ET DE TOURNUS
(1407-1520)

Extrait des Annales de l'Académie de Mâcon
(3ᵉ Série. — Tome II)

MACON
PROTAT FRÈRES, IMPRIMEURS

1898

'JOURNAL DE FAMILLE ² DES DUPRÉ

BOURGEOIS DE MACON ET DE TOURNUS

(1407-1520)

INTRODUCTION

Les archives ne nous permettent d'ajouter que peu de chose à l'histoire de la vieille famille bourgeoise de Mâcon dont le nom était *Dupré*, en latin *De Prato* ou *A Prato*, et les éléments de cette histoire se trouvent presque tous dans le journal manuscrit qu'on va lire.

I. PIERRE DUPRÉ, le premier que nous connaissions, qualifié de « notaire royal et juré de la cour du bailli de Mâcon » en 1407, de « conseiller du duc de Bourgogne et notaire royal » en 1440[4], et de « procureur et élu du Roi » en 1464[5],

Signature de Pierre Dupré[3].

fut, en outre, échevin[6] et receveur de la ville qu'avec Pierre

---

1. Lu à la séance du 7 mai 1896.
2. On sait la différence qu'il y a entre le *livre de raison*, ou mieux *de raisons*, qui est un livre de comptes, et le mémorial domestique ou *journal de famille*.
3. Fol. 28 du manuscrit.
4. A sa mort.
5. A la mort de sa veuve.
6. D'après le manuscrit du lieutenant au bailliage Claude Bernard (Archives de Saône-et-Loire, E), il aurait été échevin en 1413, 1420, 1424 et 1435.

Daussoir il représenta à l'assemblée des États généraux du royaume en 1412[1].

Il épousa, sans doute à la fin de 1406, Françoise Recier[2], qui n'avait que 15 ans lors de la naissance de son premier enfant, au mois de septembre 1407. Elle était fille de Guillaume Recier, qui mourut à Mâcon en sa maison des Changes[3], devant la Boucherie[4], le mardi 26 janvier 1412, et fut inhumé dans l'église des frères prêcheurs, et de Thomasse, qui mourut à Mâcon, en la maison de Pierre Dupré, son gendre, proche celle d'Antoine et Olivier de Sagie, le samedi 25 avril 1439, et fut inhumée dans l'église Saint-Pierre.

Pierre Dupré et Françoise Recier eurent 10 enfants :

1° *Pierre Dupré*, né à Mâcon, le mercredi 7 septembre 1407 ; parrains, à l'aller, Pierre Marchand, juge mage au bailliage de Mâcon, au retour, Jean de Mont-la-Ferté, licencié ès lois.

2° *Nicolas Dupré*, né le dimanche 6 octobre 1409 ; parrains, à l'aller, Nicolas Bastier, au retour, Olivier Berthoud, notaire royal et juré de la cour du bailli de Mâcon.

3° *Jean Dupré*, né à Mâcon, le vendredi 20 février 1411, en la maison de ses parents proche celle de Humbert Prévost, *alias* de Sagie ; parrains, à l'aller, Jean de Martigny, licencié ès lois, au retour, Jean Bercaud l'ancien.

Il épousa le mardi 13 juin 1431 Antoinette, fille d'Antoine Ailloud, receveur du duc de Bourgogne, et de feu Gabrielle Macet, et fut parrain en 1469 de Louise, fille de Henri Dupré, son frère. Notaire. Échevin de Mâcon en 1462, 1463, 1470 et 1471, capitaine de cette ville en 1441, 1460 et 1475[5].

1. Archives de Mâcon, AA. 10, 1 et 2.
2. Reyssié (?)
3. La rue des Changes ou du Change, aujourd'hui rue Dombey.
4. La Boucherie, place Poissonnière.
5. Au mois de décembre 1446, Jean Dupré réclamant aux échevins de

4° *Guillaume Dupré*, né à Mâcon, le mardi 13 février 1414, en ladite maison ; parrains, à l'aller, Guillaume Hugonet, au retour, Antoine Fustaillier le jeune. Il mourut le mercredi 18 juillet suivant et fut inhumé dans l'église Saint-Pierre.

5° *Imbaud Dupré*, né à Mâcon, en la maison de ses parents en Bourg-Neuf, le mardi 18 mai 1417 ; parrains, à l'aller, Imbaud de Bletterans le jeune, au retour, Antoine de Lyon.

6° *Christophe Dupré*, né à Mâcon, en la maison proche celle de Humbert de Sagie, le samedi 25 juin 1418 ; parrains, à l'aller, Christophe Finet, au retour, Jean de Montpellier, tous deux de Tournus. Il était bachelier en décrets. Son neveu, Christophe, l'eut pour parrain en 1455. C'est dans sa maison, proche la chapelle du bourg Saint-Jean, que mourut sa mère en 1464.

Il était à ce moment-là confrère du grand autel de l'église Saint-Vincent et eut une fille naturelle appelée *la Louise*, qui en 1490, à l'âge de 15 ou 16 ans, vint retrouver Christophe Dupré le jeune et habiter avec lui Tournus.

7° *Claudine Dupré*, née à Mâcon, le vendredi 22 septembre

Mâcon le paiement arriéré de cinq ans et demi de ses gages de capitaine de la ville, à raison de 25 livres tournois par an, leur expose que « sept ans peuvent estre passés ou environ que fut esleu et institué capitain... Et depuis l'eslection et institucion dessusdicte, il a vacqué tant de jour que de nuit toutes les foys et à toutes les heures que mestier a esté et de très bon voloir, tant pour le temps que l'en a eu doubte des gens appellez *escorchieurs* que autrement, bien loyaulment et diligemment, et tellement que per sa faulte, coulpe ou négligence, la grâce Dieu, aucun dommaige ne inconvénient n'en est advenu à ladicte ville ne à aucun des manans et habitans d'icelle, et pour ce faire a délaissié la pratique de notairie et à fere pluseurs de ses besoignes, que a esté et est en son très gram dommaige et préjudice. Ce non obstant depuis ung an et demi en çà, à la promocion et requeste d'aucuns hayneux, ils ont esleu et fait institué Martin Vijaud, capitain de Mascon, en déboutant dudict office ledict expo_ant de tout en tout, sans aucune cause raysonable, et luy non appellé ne ouy... » (Archives de Mâcon, EE. 4, 5. — Voir aussi EE. 4, 4 et 6).

1419; parrains, à l'aller, Claude Finet, fils de Perrenet Finet, de Tournus, au retour, Philippe Chalendet.

8° *Marguerite Dupré*, née à Mâcon, en la maison susdite, le samedi 8 mars 1421; parrains, à l'aller, Humbert de Saint-Amour, chevalier, seigneur de Vinzelles, pour Marguerite, sa femme, au retour, Gavaud de Cuiseaux, procureur du Roi au bailliage de Mâcon.

9° *Henri Dupré*, né à Bourg en Bresse, en la maison d'Aimon Tavart, beau-frère (*cognatus*) de son père, Pierre Dupré, le lundi 30 novembre 1422; parrains, en l'église Notre-Dame de Bourg, à l'aller, Henri de La Roche, de Mâcon, docteur ès lois, prévôt de Lozanne et chanoine dudit Mâcon, au retour, Pierre Masuer, damoiseau d'Amédée, duc de Savoie.

10° *Thomasse Dupré*, née à Mâcon, en la maison de Bourg-Neuf, le dimanche 18 juin 1424; parrains, à l'aller, Pierre Susanne, licencié ès lois, chanoine de Mâcon, au retour, Jean de Mont-la-Ferté, aussi licencié ès lois.

Pierre Dupré mourut le mardi 18 mars 1440 à Mâcon, dans sa maison proche celle d'Antoine et Olivier de Sagie. Il fut inhumé dans l'église Saint-Pierre, au tombeau de sa famille, près le grand autel, du côté de l'évangile.

Françoise Recier, femme de Pierre Dupré, mourut le mardi 30 octobre 1464 à Mâcon dans la maison de Christophe Dupré, son fils, proche, nous l'avons dit, de la chapelle du bourg Saint-Jean.

Pierre Dupré avait un ou plusieurs frères dont étaient fils : 1° Jean Dupré, qui se maria à Chalon en 1421; 2° Humbert Dupré [1], bachelier ès lois et chanoine de Mâcon en 1458, parrain

---

1. C'est lui probablement qui habitait Tournus en 1478 (Archives de la Côte-d'Or, B. 11592).

cette année-là de Philiberte, fille de Henri Dupré, son cousin germain (*cognatus germanus*).

Il avait en outre un beau-frère, Aimon Tavart, qui, nous l'avons vu, habitait Bourg en Bresse.

II. HENRI DUPRÉ, 7e fils sur 7 et 9e enfant sur 10, de Pierre Dupré et de Françoise Recier, né à Bourg en Bresse le 30 novembre 1422. Licencié ès lois. Échevin de Mâcon en 1465 et 1472 [1].

Il épousa, le dimanche 30 juin 1454, Philiberte Cathelot, fille de Perrin et de Catherine, qui était alors âgée de 18 ans et qui mourut le 1er juillet 1467 à Mâcon, dans la maison dudit Perrin Cathelot, son père, rue du Change.

Signature de Henri Dupré [2].

Henri Dupré et Philiberte Cathelot eurent 12 enfants :

1º *Christophe Dupré*, né à Mâcon, en la maison de son père, proche celle d'Olivier de Sagie, le vendredi 5 septembre 1455 ; parrains, à l'aller, Christophe Dupré, bachelier en décrets, frère du père, au retour, Antoine Cathelot, frère de la mère.

2º *Antoine Dupré*, né à Mâcon, en la maison susdite, le dimanche 24 octobre 1456 ; parrains, à l'aller, Antoine Cathelot, frère de la mère, au retour, Jean de Carlat.

3º *Philiberte Dupré*, née à Mâcon, maison susdite, le jeudi 9 mars 1458 ; parrains, à l'aller, Humbert Dupré, bachelier ès lois et chanoine de Mâcon, cousin germain (*cognatus germanus*)

1. D'après le manuscrit du lieutenant au bailliage Claude Bernard (Archives de Saône-et-Loire, E.)

2. Fol. 32 vº.

du père, au retour, Olivier Roy, du comté de Provence, gérant
de la boutique (*factor apothece*) d'Olivier de Sagie.

4° *Nicole Dupré*, née à Mâcon, maison susdite, le samedi
20 avril 1459 ; parrains, à l'aller, Nicolas Lecoq, licencié ès lois
et lieutenant général au bailliage, au retour, Jean Verjus, licencié
en décrets, chanoine et official de Mâcon.

5° *Perrenette Dupré*, née à Mâcon, même maison, le mercredi
26 novembre 1460 ; parrains, à l'aller, Pierre de Mercurey, *alias*
Champaigne, prêtre, tourniste de l'église Saint-Pierre de Mâcon,
au retour, Andoche Trompet, domestique du père.

6° *Catherine Dupré*, née à Mâcon, même maison, le lundi
25 avril 1462 ; parrains, à l'aller, Simon Cathelot, maître ès
arts et bachelier en décrets, frère de la mère, au retour, Lancelot
Ailloud, bachelier ès lois.

7° *Jean Dupré*, né à Mâcon, même maison, le mardi 2 août
1463 ; parrains, à l'aller, Jean Cathelot, frère de la mère, au
retour, Lancelot Ailloud, praticien (*jurisperitus*).

8° *Eulalie Dupré*, née à Mâcon, même maison, le samedi
27 octobre 1464 ; parrains, à l'aller, Jean Moyroud, au retour,
Barthélemy Revesie, clerc du père. Elle mourut le 5 novembre
suivant.

9° Autre *Eulalie Dupré*, née à Mâcon, même maison, le mardi
10 décembre 1465.

10° *Jeannette Dupré*, née à Mâcon, même maison, le dimanche
25 avril 1467 ; parrains, à l'aller, Jean Moyroud, au retour, un
personnage dont le nom manque.

11° *Louise Dupré*, née à Mâcon, même maison, le vendredi
25 août 1469 ; parrains, à l'aller, Guillaume Boron, maître ès arts
et recteur des écoles de Mâcon, au retour, Jean Dupré, son oncle
(*patrinus*).

12° *Denise Dupré*, née à Manziat en Bresse, en la maison des

enfants de Jean Dyague, de Mâcon, où ses parents s'étaient reti-
rés à cause de la peste, le mercredi 9 octobre 1471 ; parrains, à
l'aller et au retour, Jean Lanon, prêtre, qui s'était également
réfugié à Manziat à raison de ladite peste.

Henri Dupré vivait encore à Mâcon en 1478 [1].

III. CHRISTOPHE DUPRÉ, 1er fils sur 3 et 1er enfant sur 12, de
Henri Dupré et de Philiberte Cathelot,
né à Mâcon le 5 septembre 1455, alla à
Tournus exercer son métier de « chaussetier », et y eut de Jeannette, sa femme,
8 enfants, dont deux jumeaux, les der-
niers :

Signature
de Christophe Dupré [2].

1° *Nicolas Dupré*, né à Tournus, en la
maison des héritiers de feu Olivier de
Sagie, de Mâcon, devant l'église Saint-André, le vendredi 15
mars 1482 ; parrain, Nicolas de Bourgogne, bourgeois de
Tournus.

2° *Henriette Dupré*, née à Tournus, maison susdite, le mardi
20 avril 1484 ; parrain, Henri Boffeaud, bourgeois de Tournus.

3° *Violette Dupré*, née à Tournus, même maison, le mercredi
9 août 1486 ; parrain, Violet Nantuard, curé de Mancey (?) et
chapelain en l'église Saint-André.

4° *Jean Dupré*, né à Tournus, même maison, le lundi 13 avril
1488 ; parrain, M. de Lansac, homme d'armes de la compagnie
du maréchal de Bourgogne en garnison à Tournus.

5° *François Dupré*, né à Tournus, même maison, le vendredi
20 septembre 1491 ; marraine, à l'aller, Françoise, femme du

1. Archives de la Côte-d'Or, B. 11592.
2. Fol. 5 v°.

sieur Pernet, revendeur; parrain, au retour, Guillemin de Lestang, beau-fils de ladite Françoise.

6° *Simon Dupré*, né à Tournus, même maison, le vendredi 30 août 1494; parrain, Simon Bardet, curé d'Huilly et receveur de M. de Balleure.

7° et 8° *Jean* et *Christophe Dupré*, jumeaux, nés à Tournus, même maison, le vendredi 3 mars 1497; parrain de Jean, Jean Arnier, curé de Bissy-la-Mâconnaise et chapelain en l'église Saint-André; parrain de Christophe, Jean du Cellier, *alias* Verjon.

IV. FRANÇOIS DUPRÉ, 3° fils sur 6 et 5° enfant sur 8, de Christophe Dupré et de Jeannette, prêta serment en qualité d'étudiant à l'université de Paris, le lundi 18 novembre 1510, y fut reçu bachelier ès arts peu après et quitta la capitale le mardi 31 mai 1512, ses études terminées, pour rentrer à Tournus. Licencié en droit civil, il alla s'installer comme avocat (*causidicus*) à Clermont-Ferrand et y épousa Marguerite Depreux, fille de Guillaume, notaire et praticien [2].

Ils eurent 8 enfants : 1° *Gabrielle Dupré* (16 octobre 1526); 2° *Dine Dupré* (18 mai 1529); 3° *Jean Dupré* (3 août 1531); 4° *Joseph Dupré* (10 février 1535 nouveau

Signature de François Dupré [1].

1. Fol. 52.
2. François Dupré revint voir en 1548 les parents et les amis qu'il avait laissés en Bourgogne; il était accompagné dans ce voyage par Louis Dupré,

style); 5° *Étienne Dupré* (7 juillet 1537); 6° *Marie Dupré* (16 octobre 1540); 7° *Anne Dupré* (30 mars 1544); 8° *Claire Dupré* (18 juillet 1548).

Jean Dupré, 1er fils sur 3 et 3e enfant sur 8, de François Dupré et de Marguerite Depreux, fut procureur à Clermont-Ferrand. Il eut de Pierrette Samoël au moins trois filles, dont deux ne nous sont connues qu'indirectement : 1° *Françoise Dupré*, épouse de Pierre Desforges; 2° *Catherine Dupré*, épouse en premières noces de Jean Augier, en secondes noces d'Antoine Blondel, et marraine de deux filles de sa sœur Françoise; 3° *Gabrielle Dupré*, marraine aussi d'une fille de sa sœur Françoise.

Pierre Desforges, fils de Me Jean Desforges, procureur d'office à Beauregard [1], y né le 22 avril 1591, était venu demeurer en qualité de clerc chez Me Jean Dupré à Clermont-Ferrand, le 28 janvier 1609. Peu après la mort de son patron (1er mars 1616), il fut fiancé à la fille de celui-ci, « sa chière et bien aymée maistresse Françoize » (11 mai). Reçu procureur le 28 mai, il se maria le 5 juin, et eut 10 enfants : 1° Jean Desforges (17 septembre 1617); 2° Antoine Desforges (17 janvier 1619); 3° Catherine Desforges (24 janvier 1620); 4° Gabrielle Desforges (2 octobre 1621); 5° deuxième Catherine Desforges (7 décembre 1623); 6° Jeanne Desforges (13 février 1626); 7° Françoise Desforges (2 août 1627); 8° troisième Catherine Desforges (4 mars 1629); 9° Pierre Desforges (18 novembre 1630); 10° seconde Gabrielle Desforges (9 mars 1633).

son neveu : ...*Me reverso a Burgundie partibus ad quas tunc temporis causa visendorum consanguineorum et amicorum cum Ludovico Dupré ex fratre nepote me contuleram. Et tunc temporis Henricus rex per dictas Burgundie partes transiens suos novos ingressus faciebat prout fecit in opidis Divionensi, Belne, Cabilonensi, Trenorchiensi, Matisconensi, Burgi Bressie, atque pluribus aliis civitatibus, opidis et villis.* (Fol. 20 v°.)

1. Beauregard-l'Évêque (Puy-de-Dôme).

La seconde Gabrielle Desforges épousa Mᵉ François Baud, conseiller et avocat du Roi en l'élection d'Issoire [1], et fut marraine d'un fils de sa sœur Gabrielle.

L'autre épousa à Clermont-Ferrand un fils de Mᵉ Jacques Ceberet, bourgeois de Martres-de-Veyre [2], et lui donna 12 enfants : 1° Françoise Ceberet (19 janvier 1653); 2° Gilles Ceberet (3 avril 1654); 3° Gilberte Ceberet (5 novembre 1655); 4° François Ceberet (10 septembre 1656); 5° Pierre Ceberet (25 février 1659); 6° Antoine Ceberet (24 janvier 1661); 7° second Pierre Ceberet (11 mai 1663); 8° Marie Ceberet (18 septembre 1665); 9° second Antoine Ceberet (18 septembre 1666); 10° seconde Marie Ceberet (14 mars 1668); 11° Françoise Ceberet (14 septembre 1670); 12° Catherine Ceberet (23 mars 1672).

V. Simon Dupré, 4ᵉ fils sur 6 et 6ᵉ enfant sur 8, de Christophe Dupré et de Jeannette, eut pour unique enfant :

Louis Dupré, né à Tournus, en la maison des enfants de feu Jean d'Aubonne contiguë à celle de Philibert Goyon et proche la place du Pont, le mercredi 8 avril 1520; parrain, Louis Tardy, notaire royal et procureur de l'abbé de Tournus.

Signature de Simon Dupré [3].

Louis Dupré, après la mort de son père, alla s'installer avec

1. Puy-de-Dôme.
2. Id.
3. Fol. 6.

sa mère à Clermont-Ferrand, où son oncle, François Dupré, avait
fait souche, et y épousa Lucque Ayme, fille de Mᵉ Jean Ayme,
praticien de cette ville, dont il eut « belle lignée ».

Voilà la descendance des Dupré telle que nous la fait connaître
le journal de cette famille. Mais à l'aide d'un tableau on saisira
mieux et plus vite la filiation des membres nés dans notre région,
à Mâcon et à Tournus[1].

*
* *

Le journal de famille des Dupré est un manuscrit en papier,
qui, venu de Clermont-Ferrand à Paris à une époque indétermi-
née, est entré à la Bibliothèque Nationale sous le second empire.
Il y a pris rang dans le fonds des nouvelles acquisitions latines
sous le n° 90 et dans le fonds général latin sous le n° 18351. Il
y a été folioté (79 feuillets, dont les 2, 7, 8, 22, 25, 26, 30, 63
et 76 à 79 sont blancs) le 14 juillet 1870.

Il ne porte aucune indication d'ex-libris, mais au verso du
feuillet de garde de tête on lit ces mots : « V. le ms. 255 de la
Bibliothèque de Clermont qui contient une note de Dulaure sur
ce livre ». Nous n'avons pu, malgré nos démarches, savoir ce
qu'est cette note.

Il mesure 200 millimètres sur 140. Sa reliure consiste en un
simple cartonnage de la nature de ceux qu'on faisait de 1820 à
1830. Au dos, le titre suivant, inexact ou plutôt incomplet :

NATALITIA
CLAROMON-
-TANORUM
MSS.

1. Voir page 16.

N. Dupré

PIERRE, épouse Françoise de Recier (1406?), mort 1440. — JEAN, vivant 1431. — HUMBERT, vivant 1438 à 1478. — N?, femme d'Aimon Tavart, vivant 1421.

1 PIERRE, né 1407.
2 NICOLAS, né 1409.
3 JEAN, né 1411, ép. Antoinette Ailloud, 1431.
4 GUILLAUME, né et mort 1414.
5 LOUIS, né 1417.
6 CHRISTOPHE, né 1418.
7 CLAUDINE, née 1419.
Marguerite, née 1421.
Louise, née (1474?)
9 HENRI, né 1422, ép. Philiberte Catherlot 1454.
10 THOMASSE, née 1424.

1 CHRISTOPHE, né 1456.
2 ANTOINE, né 1456.
3 PHILIBERTE, née 1458.
4 NICOLE, née 1459.
5 PERERNETTE, née 1460.
6 CATHERINE, née 1462.
7 JEAN, né 1463.
8 EULALIE, née et morte 1464.
9 EULALIE, née 1465.
10 JEANNETTE, née 1467.
11 LOUISE, née 1469.
12 DENISE, née 1471.

1 NICOLAS, né 1483.
2 HENRIETTE, née 1484.
3 VIOLETTE, née 1486.
4 JEAN, né 1488.

5 FRANÇOIS, né 1491, ép. Marguerite Dufarux à Clermont-Ferrand.
6 SIMON, né 1494.
7 et 8 JEAN et Christophe, nés 1497.

LOUIS, né 1520, ép. Lucine Aymé à Clermont-Ferrand.

Le plus ancien document [1] qu'il contient est de 1406, le plus récent de 1770.

Le journal a été tenu successivement par Pierre Dupré, — qui y a même figuré des armes, que nous reproduisons à titre de document, car elles nous paraissent un peu fantaisistes et nous n'y attachons pas grande importance, — par Henri Dupré, Christophe Dupré, François Dupré [2], Simon Dupré, puis par Pierre Desforges, par N. Ceberet et par Gabrielle Desforges [3]. Ils n'ont pas écrit les uns à la suite des autres, et voici l'ordre des matières dans le manuscrit, ordre, ou plutôt désordre, dont une partie est imputable au relieur, car l'état du folio 23 prouve qu'il a été longtemps le feuillet de tête d'un volume dérelié.

Armes des Dupré [4].

Fol. 1 v°. Note relative à Louise, fille naturelle de Christophe Dupré (1490).

Fol. 3-5. Descendance de Christophe Dupré et de Jeannette (1482-1497).

Fol. 6. Descendance de Simon Dupré (1520).

Fol. 9-20. Descendance de François Dupré et de Marguerite Depreux (1526-1548).

Fol. 21. Décès de Marguerite Depreux (1567).

Fol. 23. Fondation par Pierre Dupré d'un service en l'église des frères mineurs de Mâcon (1406).

1. La première naissance mentionnée est de 1407.

2. Jean Dupré, fils de François Dupré, et beau-père de Pierre Desforges, ne l'a pas tenu.

3. Cette dernière a relaté à la suite des naissances de ses enfants les décès de quelques-uns d'entre eux de 1676 à 1705.

4. Fol. 23.

2

Fol. 24. Fondation par Jean et Christophe Finet d'une messe en l'église Saint-Pierre de Mâcon (1418).

Fol. 27-29 et 31. Descendance de Pierre Dupré (1407-1424).

Fol. 31. Décès de Pierre Dupré (1440).

Fol. 32-46. Descendance de Henri Dupré et de Philiberte Cathelot (1455-1471).

Fol. 47-56. Notes de François Dupré (1510-1566).

Fol. 57. Notes de Pierre Desforges (1591-1616).

Fol. 58-62. Descendance de Pierre Desforges et de Françoise Dupré (1617-1633).

Fol. 64-73. Descendance de N. Ceberet et de Gabrielle Desforges (1653-1672).

Fol. 74 et 75. « Catalogue de mes livres, du 2 juillet 1770. A Clermont. »

Dans le texte imprimé nous avons établi l'ordre chronologique, qu'il était utile de suivre non seulement au point de vue généalogique mais encore au point de vue historique. Car le journal de famille des Dupré — et ce n'est pas là son moindre intérêt, — est une mine de renseignements sur les événements de toute nature du xv⁰ et du xvi⁰ siècle, dont ci-dessous la table :

1409 [1]. Concile de Pise. Déposition du pape Grégoire XII et de l'antipape Benoît XIII. Élection d'Alexandre V.

1412. Guerre des Armagnacs et des Bourguignons.

1414. Continuation de la guerre entre les Armagnacs et les Bourguignons.

1417. Concile de Constance. Union du royaume de Hongrie à l'empire d'Allemagne. Guerre de Cent Ans. Bataille d'Azincourt. Prédications de saint Vincent Ferrier à Mâcon.

---

1. Ces dates sont celles sous lesquelles sont *groupés* les détails relatifs aux événements rappelés ci-dessus.

1418. Assassinat du comte d'Armagnac. Élection du pape Martin V. *Continuation de la guerre de Cent Ans.*

1419. Assassinat de Jean sans Peur à Montereau.

1421. Prise de Melun.

1455. Occupation de Constantinople par les Turcs. Fin de la guerre de Cent Ans. Troubles en Savoie. Baillivat à Mâcon de Louis de Chantemerle.

1456. Pluies de juillet à octobre; prix du blé et du vin. Apparition d'une comète.

1458. Peste et famine. Prix du blé. Expédition du roi de France en Dauphiné et retraite du dauphin en Flandre auprès du duc de Bourgogne.

1459. Continuation du séjour du dauphin en Flandre.

1460. Crues de la Saône. Continuation du séjour du dauphin en Flandre. Prix du vin.

1462. Sacre et couronnement de Louis XI; voyage du duc de Bourgogne à Reims et à Paris.

1463. Sécheresse. Prix des grains.

1464. Vendanges. Emprisonnement de Philippe de Savoie.

1465. Voyages à Dijon pour les affaires de la ville et du comté de Mâcon. Ligue du Bien public. Guerre des Bourguignons et des Liégeois. Traités de Conflans et de Saint-Maur.

1467. Siège de Dinant. Prise de possession des fonctions de bailli de Mâcon par Jean de Damas.

1467. Mort de Philippe le Bon. Expédition de Charles le Téméraire contre les Liégeois; prise de Saint-Trond, de Tongres et de Liège. Courses des troupes du duc de Bourgogne dans le Mâconnais.

1469. Révolte de la ville de Liège. Ravage de la Basse-Bresse par les Français.

1471. Peste. Expédition des Français dans le Mâconnais;

prise de Cluny, Saint-Gengoux, Marcigny, Charolles et Paray; résistance de Dondin et de Berzé-le-Châtel; destruction des Tours, de Vinzelles, Saint-Sorlin, Bussières, Leynes et Arpayé. Journée de Buxy. Siège et trêve d'Amiens.

1482. Prix du blé et du vin. Disette.

1484. Prix du blé et du vin. Abondance. Mort de Louis XI. Garnison de Tournus. Prédications de frère Jean Bourgeois, cordelier.

1486. Prix du blé et du vin. Guerre entre Charles VIII et l'empereur Maximilien.

1488. Prix du blé et du vin. Guerre entre Charles VIII et les princes.

1490. Prix du blé et du vin. Garnison de Tournus.

1491. Prix du blé et du vin. Naissance du dauphin Charles.

1494. Prix du blé et du vin. Expédition de Charles VIII en Italie. Garnison de Tournus.

1497. Prix du blé et du vin. Vendanges. Garnison de Tournus.

1512. Passages de Lombards et de lansquenets à Tournus et à Mâcon.

1520. Prix du blé et du vin. Garnison de Tournus.

Cette table suffit à montrer l'intérêt historique du manuscrit qui était resté jusqu'à ce jour inédit [1], et que nous avons soigneusement annoté pour le livrer à l'impression.

Nous n'insisterons pas sur l'importance du relevé du prix des denrées en 1456, 1458, 1460, 1463, 1482, 1484, 1486, 1488, 1490, 1491, 1494, 1497 et 1520. A la mention des pluies de 1456, des inondations de 1460 et de la sécheresse de 1463, les

---

1. Il a été signalé, avec quelques inexactitudes, par notre regretté confrère H. de Fontenay, dans les *Mémoires de la Société Éduenne*, nouvelle série, t. IV, 1875, in-8, p. 177.

économistes ajouteront celle de la *tempestas* de l'été 1466 rappelée par Henri Dupré en 1467 et celle de la « tempeste » qu'il y eut « sur les vignes » en 1497.

Les archéologues relèveront que le caveau des Dupré était dans l'église Saint-Pierre, près le maître-autel, du côté de l'évangile [1], et que celui des Cathelot était dans l'église Saint-Vincent, devant la chapelle de Saint-Martin qu'en 1467 Perrin Cathelot venait de faire construire et de doter richement. Ils noteront : l'incendie du monastère de Saint-Pierre-hors-les-Murs en 1470, rappelé par Henri Dupré en 1471 ; la présence en 1464, dans l'église Saint-Pierre de Mâcon, d'une peinture représentant le Jugement dernier ; le nom d'un « imageur » de Chalon, Jean d'Aubonne, mort avant 1520 ; le don fait à l'église Saint-Pierre en 1418 par Jean et Christophe Finet, maîtres de la Monnaie de Mâcon, de « calice, messal, vestemens et ornemens beaux et notables ».

Enfin les diplomatistes remarqueront que l'emploi du français s'est substitué régulièrement à celui du latin dans la rédaction du journal, entre Henri et Christophe Dupré, de 1471 à 1482, c'est-à-dire tout à fait à la fin du XVe siècle, que dès 1491 [2] il se tenait des registres paroissiaux à Saint-André de Tournus [3], qu'en 1566 et le 1er février François Dupré écrivait : *Die prima mensis februarii, anno Domini 1565 ab Incarnatione, juxta computationem immemorialiter in hiis regionibus observatam et 1566 juxta edictum regium nuper promulgatum super computatione anni a principio mensis januarii* [4].

1. Cependant Eulalie Dupré fut inhumée en 1464 derrière la chapelle de Notre-Dame-de-Pitié et devant la chapelle de Saint-Romain.
2. Voir la note qui accompagne la mention de la naissance de François Dupré en 1491.
3. Le plus ancien conservé actuellement ne remonte qu'à 1585. (Archives de Tournus, GG. 1).
4. Fol. 15 v°.

Quant à la partie clermontoise du journal de famille des Dupré nous avons tenu à lui conserver le mérite de l'inédit. Les érudits d'Auvergne nous sauront gré de n'avoir pas défloré le sujet. Ils pourront à leur tour publier non seulement les notes qui concernent la descendance de leurs concitoyens, François Dupré, Pierre Desforges et N. Ceberet, mais encore et surtout de précieux détails sur la transmission du siège épiscopal de Clermont de Thomas à Guillaume du Prat en 1528, sur les mesures prises en Auvergne à l'occasion de la famine de 1531, sur un tremblement de terre qui secoua le Puy-de-Dôme en 1540, sur l'entrée de Charles IX à Clermont en 1566 et sur une quantité de faits généraux ou particuliers intéressants pour toute la province.

I

Descendance de Pierre Dupré, mari de Françoise Recier.

(1407-1424)

[1]Nativitates liberorum Petri de Prato, clerici, notarii regii et curie domini baillivi Matisconensis jurati, per ipsum genitorum in Francisiam, filiam Guillelmi Recerii, ejus uxorem.

I. — NAISSANCE DE PIERRE, 7 SEPTEMBRE 1407.

Primo fuit oriundus Matiscone Petrus, primogenitus dictorum conjugum, die mercurii VII[a] septembris, hora sexta ante meridiem, anno Domini M⁰ CCCC^mo septimo, in vigilia festi Nativitatis beate Marie virginis, dicta Francisia existente in etata[2] quindecim annorum et non ultra. Et fuerunt sui patrui portando magister Petrus Mercatoris[3], judex major Matisconensis baillivie, et raportando magister Johannes de Monte Firmitatis, licenciatus in legibus, et plures alii viri et mulieres notabiles, domino Karados des Quesnes[4], domino de Saresviler[5], milite, de Picardia, baillivo Matisconensi existente.

P. de Prato.

1. Fol. 27-31 du manuscrit.
2. *Sic* pour *etate.*
3. Voir Archives de Mâcon, EE. 4, 41; GG. 161.
4. Id., BB. 8, 9; CC. 4, 8; DD. 1, 11, 36; EE. 3, 7, 17, 18; FF. 9; GG 161.
5. Sérévilliers (Oise). — Voir Archives de Mâcon, BB. 8, etc.

II. — NAISSANCE DE NICOLAS, 6 OCTOBRE 1409.

Nicholaus de Prato, filius dicti Petri, fuit oriundus die dominica sexta octobris, anno Domini M° CCCC°° nono, XI³ hora post merediem. Et fuerunt sui patrui magister Nicholaus Basterii portando, et raportando Oliverius Berthodi[1], notarius regius curie domini baillivi Matisconensis juratus.

> In quo anno Petrus de Luna[2], papa Avinionensis, et Angelus Correar[3], papa Romanus, fuerunt per generale consilium et synodum[4] privati, et electus Alexander[5], qui fuit de Grecia, de ordine fratrum [minorum][6]...

III. — NAISSANCE DE JEAN, 20 FÉVRIER 1411.

Johannes de Prato, filius tercius dicti Petri, fuit eciam oriundus apud Matisconem, in domo sua sita juxta domum Humberti Prepositi[7], alias de Sagiaco[8], die veneris XX³ februarii, anno Domini M°CCCC°° decimo, de mane, circa horas quintam et sextam. Et fuerunt sui patrui, portando magister Johannes de Martigniaco, licenciatus in legibus, et reddeundo Johannes Bercaudi senior[9], habitantes et cives Matisconenses, existente baillivo Matisconensi domino Johanne de Chasteluz[10], milite.

P. de Prato.

1. Voir Archives de Mâcon, BB. 8.
2. Antipape sous le nom de *Benoît XIII* (1394-1424).
3. Angelo Corrario, pape sous le nom de *Grégoire XII* (1406-1409).
4. Concile de Pise. La double déposition de Grégoire XII et de Benoît XIII eut lieu le 5 juin.
5. Alexandre V (1409-1410).
6. Lacune d'une ligne coupée par le relieur (fol. 27).
7. Voir Archives de Mâcon, CC. 69, 70.
8. De Sagie.
9. Voir Archives de Mâcon, CC. 68 ; FF. 9.
10. Id., BB. 10; EE. 3, 17, 18, 19, 42.

IV. — MARIAGE DE JEAN, 13 JUIN 1431.

Johennes de Prato, filius meus predictus, fuit desponsatus cum Anthonia, filia Anthonii Ailloudi, civis Matisconensis, receptoris domini ducis Burgondie, et deffuncte Gabrielis Macete, filie Johannis Maceti, quondam notarii regii et civis Matisconensis, die martis XIIIᵃ mensis junii, anno Domini millesimo CCCC° XXXI°, teste signo meo.

P. de Prato.

V. — DÉCÈS DE GUILLAUME RECIER, BEAU-PÈRE DE PIERRE,
26 JANVIER 1412.

Guillelmus Recier, pater dicte Francisie et avus maternus dictorum liberorum, decessit apuḋ Matisconem in sua domo Scampsorum [1], ante Bocheriam [2], die martis XXVIᵃ januarii, anno Domini M°CCCC° undecimo, et fuit sepultus die mercurii sequenti in ecclesia fratrum predicatorum Matisconensium, in tumulo Petri Baboleni.

Quo tempore omnis divisio et guerra erat in regno Francie inter dominum nostrum regem [3], juncto domino Johanne [4], duce Burgondie, comite Flandrie et Burgondie, et populo, contra alios principes regni.

P. de Prato.

1. La rue du Change, aujourd'hui rue Dombey.
2. La Boucherie, place Poissonnière.
3. Charles VI.
4. Jean sans Peur.

VI. — NAISSANCE DE GUILLAUME, 13 FÉVRIER 1414.

Guillelmus de Prato, filius dicti Petri de Prato, fuit oriundus apud Matisconem in domo predicta, die martis XIII² februarii, hora sexta post merediem, anno Domini M°CCCC°XIII°. Et fuerunt sui patrui Guillelmus Hugoneti [1] portando, et Anthonius Fusteillerii junior [2], cives Matisconenses, rapportando.

Quo tempore erat Parisius magna divisio, et in dicta villa erat rex, dominus Dalphinus, ejus filius, dux Guienne, dux Bituricensis, et plures alii principes adhunati contra Johannem, ducem Burgondie, qui erat supra campos in magno exercitu et volebat intrare dictam villam. Et tunc sperabatur de presenti magna occisio.

P. de Prato.

VII. — DÉCÈS DE GUILLAUME, 18 JUILLET 1414.

Decessit ab humanis et fuit sepultus in ecclesia parrochiali beatri Petri Matisconensis, in valle Johannis Loyance, prope magnum altare, die mercurii XVIII² jullii millesimo CCCCXIIII°.

VIII. — NAISSANCE D'IMBAUD, 18 MAI 1417.

Ymbaudus de Prato, quintus filius dicti Petri de Prato, fuit oriundus Matiscone in domo sue habitacionis in Burgo Novo, die martis decima octava maii, anno Domini M°CCCC°XVII, hora decima post merediem; et habebat lune [3] quatuor dies. Fue-

---

1. Voir Archives de Mâcon, AA. 3 ; FF. 14; GG. 98, 99.
2. Id., BB. 8; CC. 66; EE. 43; GG. 97.
3. *Sic.*

runtque sui patrui portando Ymbaudus de Bleterens junior [1], et rapportando Anthonius de Lugduno [2], cives Matisconenses.

Illoque tempore tenebatur [3] generale consilium super unione ecclesie in Constancia, et erat imperator [4] rex Hongarie vocatus. Eratque magna guerra et divisio in Francie [5], eciam inter dominum regem Francie et regem Anglie. Erantque pro tunc captivati in Anglia dux Aurelianensis, dux Borbonii, comites de Richemont, d'Eu, de Vandome, marescallus Francie dictus *Boucicaut*, et plures alii magni domini Francie, qui capti fuerant in bello [6] in quo Anglici obtinuerunt post capcionem ville d'Arefleur.

Ebdomadaque precedenti, frater Vincèncius [7], summus predicator ordinis fratrum predicatorum, fuerat Matiscone et ducebat certos discipulos qui se verberabant, et alios verberari faciebat. Et predicavit et celebravit octo diebus continuis in prato regis, et aliquando erant in suis sermonibus

1. Voir Archives de Mâcon, CC. 8, 69; EE. 17, 19, 40.
2. Id., BB. 18.
3. Le fameux concile qui mit fin au grand schisme d'Occident siégea à Constance de 1414 à 1418.
4. Albert II le Magnanime, empereur d'Allemagne.
5. *Sic.*
6. La bataille d'Azincourt, où furent faits prisonniers les ducs d'Orléans et de Bourbon, les comtes de Richemont, d'Eu et de Vendôme, et le maréchal Boucicaut, avait été livrée le 25 octobre 1415, quelque temps après la prise d'Harfleur par les Anglais.
7. Sur saint Vincent Ferrier et ses prédications, voir les *Acta Sanctorum*, Avril, t. I, p. 475. — « Le mardi IIIIᵉ jour de may l'an mil IIIIᶜXVII, heure de vespre, mestre Vincent Ferrier, mestre en théologie, vint à Mascon, et amena en sa compagnie en procession VIˣˣX religieus jusnes homes, et fu logié ledit mestre Vincent ou couvent des frères prêcheurs de Mascon, et lesditz religieus furent logiés en ladicte ville, c'est assavoir XXX au claytre de l'église de Saint-Vincent, et le résidu ès hostelz des bourgeoys de ladicte ville. Et prêcha ledit frère Vincent au Pré du Roy appellé *du Brul* [aujourd'hui quai et

IIII[xxti] mille persone. Et dicebatur quod antipapus erat natus,
et habebat quindecim annos ut......... [1].

P. de Prato.

IX. — NAISSANCE DE CHRISTOPHE, 25 JUIN 1418.

Christoforus de Prato, sextus filius dicti Petri, fuit oriundus
Matiscone in domo prope Humbertum de Sagiaco, die sabbati
in crastinum Nativitatis beati Johannis Baptiste XXV[a] junii,
anno Domini M°CCCCXVIII°, inter horam octavam et nonam
de mane. Et fuerunt sui patrui portando Christoforus Fineti, et
rapportando Johannes de Montepessulano, ambo de Trenorchio.

pré du Breuil] et dit sa messe le mercredi ensuyvant V[e] dudit moys et continuelment toutz les jours dit sa messe solenelment, et prêchat jusques au
mercredi XIIIe jour dudit moys. Auquel jour XIIIe dudit moys, il partit de
Mascon. Et fu baillié par le procureur de ladicte ville, par l'ordenance faite sur
ce par la plus grant et sayne partie de ladicte ville, à frère Symont de La Giolete,
soub-prieur des jacopins de Mascon, pour la despense dudit mestre Vincent et
de quatre religieux, ses serviteurs, IX escus d'our qui valent X l. II s. VI d. Et
ou recteur qui avoit l'aministracion desditz VI[xx] X religieux X l. t. pour les
nécessités desditz religieux. Et fu fayte durant ledit tempcs toutes les nuis grant
desipplice de gèns toutz nus soy batans jusques au sanc audit Pré et par ladicte
ville, tant homes comme enfans mâles depuis l'iage de XII ans jusques à l'eage
de VII, et femes vellees, en criant à aulte voys et grant cris *En l'onour soyt et
en la remembrance de la sainte Passion de Nostre Segneur Dieu Jhésus Chrit*, et
lesditz enfans crioiient à grant voy *Sire Dieu Jhésus, miséricorde*, tellement que
c'estoit une grant admiracion et pitié à veoir et oyr. Et depuis, les jours des
venredi et samedi continuelment et les diemenches et autres jours férialz ont
esté fait après ce que ledit frère Vincent fu parti de Mascon les semblables
dissiplines et congrégacions continuelment comme dit est. Et toutz les jours les
petis enfans s'asembleoient par ladicte ville disans *Pater Noster* etc., *Ave
Maria* etc., *Credo in Deum patrem omnipotentem* etc., *Credo in Spiritum
Sanctum* etc., en grans processions et portans les croys, et criant comme dit
est *Miséricorde! Virge Marie, mère de Dieu, priés pour nous et pour toutz pécheurs.
Amen.* » (Archives de Mâcon, BB. 12, f° XXXVI).

1. Lacune d'une ligne coupée par le relieur (fol. 28 v°).

Illo tempore fuit comes Armigniaci Parisius occisus [1].
Papa erat Gebenne [2], et erat rex Anglie [3] in magno exercitu
in Francia. Regebat tunc dux Burgondie [4].

P. de Prato.

X. — NAISSANCE DE CLAUDINE, 22 SEPTEMBRE 1419.

Claudia, filia mea, fuit nata Matiscone die veneris XXII[a] septembris circa horam septimam de mane, anno Domini M°CCCC°
decimo nono. Et fuit suus patruus, Claudius Fineti, filius Perroneti Fineti, de Trenorchio, portando, et raportando magister
Johannes Chalendeti.

Ebdomada precedente dominus Johannes, dux Burgondie,
ante nominatus, fuit occisus supra pontem de Mostereau [5].
Et tenebat dictus rex Anglie totum ducatum Normanye.

P. de Prato.

XI. — NAISSANCE DE MARGUERITE, 8 MARS 1421.

Margarita, filia dicti Petri, fuit oriunda Matiscone domo predicta, die sabbati octava marcii, anno Domini M°CCCC°XX°,
circa horam nonam de mane. Et fuerunt sui patrui portando ad
ecclesiam nobilis vir dominus Humbertus de Sancto Amore [6],
dominus Vinzellarum [7], miles, pro domina Margarita, ejus uxore,
et rapportando magister Galvaudus de Cuysello, procurator regius
Matisconensis baillivie, et plures alii notabiles viri et mulieres.

---

1. Bernard VII, comte d'Armagnac, massacré le 12 juin 1418.
2. Martin V, élu pape au concile de Constance, le 11 novembre 1417. — *Gebenna*, Genève.
3. Henri V.
4. Jean sans Peur.
5. Le 10 septembre 1419.
6. Voir Archives de Mâcon, EE. 19, 43.
7. Vinzelles.

Illo tempore fuit villa de Meleon [1] capta per reges Francie et Anglie et dominum ducem Burgondie. Et erat in regno inter ipsos dominos et dominum Dalphinum, filium regis Francie, magna guerra et divisio.

Et fuit illo anno conjugatus Cabilone Johannes de Prato, nepos meus, in sponsalibus ultimo preteritis.

P. de Prato.

XII. — NAISSANCE DE HENRI, 30 NOVEMBRE 1422.

Henricus de Prato, alter filius dicti Petri et ipsius Francisie, fuit oriundus in Burgo in Braissia [2], in domo cognati mei Aymonis Tavart, burgensis dicti loci, die lune in festo beati Andree apostoli ultima mensis novembris, anno Domini M°CCCC°XXII°, circa horam octavam dicte diei. Et fuerunt sui patrui in ecclesia beate Marie de Burgo portando dominus Henricus de Ruppe, de Matiscone, doctor legum, prepositus Losanne [3] et canonicus Matisconensis, et redeundo Petrus Masuerii, domicellus domini Amedei, ducis Sabaudie [4], qui tunc erat in Burgo pro concordia regni Francie, quod mirabiliter erat divisum, et in hoc se grandissime implicuit et de suis bonis multum exposuit [5].

P. de Prato.

XIII. — NAISSANCE DE THOMASSE, 18 JUIN 1424.

L'an mil CCCC et XXIIII, Françoyse, femme de Pierre Dupré, enfanta à Mascon, en la mayson de Bourneuf, Thomasse, leur

1. Melun, qui se rendit le 17 novembre 1420.
2. Bourg en Bresse.
3. Lozanne (Rhône).
4. Amédée VIII.
5. Sur la conférence de Bourg (janvier 1423), voir Dom Plancher, *Histoire générale et particulière de Bourgogne*, t. IV, p. 65.

fille, le dimanche XVIII⁰ jour de juing, heure de trois heures de matin. Et fut baptizé ledit jour en l'esglise parrochial de Saint-Pierre de Mascon, et la porta maistre Pierre Susanne, licencié en loys, chanoyne de Mascon, et n'eut point son nom, mais Thomasse pour sa grant mère maternelle, et la retorna maistre Jehan de Montlaferté, aussi licencié en loys, notablez hommes.

Ainsi l'ay-je trouvé ou papier roge ou dernier foillet, escript de la propre main de mon père, et n'est point signée. Escript le XXI jour de septembre mil CCCC cinquante et ung, de ma main.

H. de Prato.

XIV. — DÉCÈS DE THOMASSE, VEUVE DE GUILLAUME RECIER ET BELLE-MÈRE DE PIERRE, 25 AVRIL 1439.

Tomassia, relicta dicti Guillelmi Recerii et avia materna dictorum liberorum, bona et devota mulier, decessit Matiscone in domo dicti Petri de Prato, justa domum Anthonii et Oliverii de Sagiaco, die sabati XXVᵃ mensis aprilis, hora merediei, et fuit sepulta die dominica sequente, in ecclesia parrochiali beati Petri Matisconensis, in valle hujus domus, prope magnum altare a parte euvangelii, anno Domini millesimo CCCC°XXXIX°.

XV. — DÉCÈS DE PIERRE, 18 MARS 1440.

[1] Honorabilis et providus vir Petrus de Prato, consiliarius domini ducis Burgondie et notarius regius, genitor et pater dictorum liberorum, suum clausit extremum diem in domo propria, juxta domum Anthonii et Oliverii de Sagiaco, die martis in diluculo XVIIIᵃ mensis marcii; et fuit tumulatus eodem die in

1. Fol. 31.

ecclesia parrochiali beati Petri Matisconensis, in valle dicte domus, prope magnum altare, a parte euvangelii, anno Domini millesimo CCCC°XXXIX°.

XVI. — FONDATION PAR PIERRE DUPRÉ D'UN SERVICE EN L'ÉGLISE DES FRÈRES MINEURS DE MACON. 1406.

[1]Ego frater Alexander de Trenorchio, gardianus conventus fratrum minorum Matisconensium, me contentor et habuisse confiteor a Petro de Prato, cive Matisconensi, notario regio, presenti, etc., plenam et integram solucionem et satisfactionem de et pro missa cotidiana celebrata et celebranda in dicto conventu ad intentionem predecessorum ipsius Petri a tempore mortis Petri Baboleni, quondam civis Matisconensis, usque ad datam presentis littere, incluso tamen termino Nativitatis Domini proxime futuro, de quibus ipsum tam nomine meo quam dicti conventus et de aliis in quibus dicto conventui teneri potest et potuit quicto usque ad hanc datam et quictum tenere promicto. Datum Matiscone, die tertia mensis novembris anno Domini M°CCCC° sexto, in presencia Bartholomei de Porta[2], Petri de Forgia[3].

XVII. — FONDATION PAR JEAN ET CHRISTOPHE FINET D'UNE MESSE EN L'ÉGLISE SAINT-PIERRE DE MACON. 1418.

[4]Honnorables homme Jehan et Christofle Finet, mes compères[5], maistres de la Monnoye de Mascon, et enfans de sire

1. Fol. 23.
2. Voir Archives de Mâcon, CC. 3, 67, 71 ; EE. 7.
3. De Fargia (?), de La Farge. Voir *Les Fiefs du Mâconnais*, p. L. Lex, p. 1.
4. Fol. 24.
5. Ils avaient été parrains de Christophe le 25 juin 1418.

Jehan Finet, de Tornuz, mehuz de saincte dévocion en l'oneur de Dieu et de la Virge Marie, sa mère, ont fundé en l'église parrochial de Saint-Pierre de Mascon une messe cothidiane en ladicte église, laquelle se chante et chantera d'ores en avant en ladicte église, en l'astel par eulx fait et fundé à l'oneur de Dieu et de la Virge Marie; et ilz ont donné calice, messal, vestemens et ornemens beaux et notables. Et ce célébrara ladicte messe tous les jours par les chapelains de ladicte église et par sepmaine, et par chacun messe sont payés XX deniers tornois; et se chantera tousjours oudit hastel après ce que l'on aura levé Dieu de la grant messe parrochial. Et sonnera l'en tousjours XXX cops à grant trait à l'ancommencement de ladicte messe, et le clerc qui sonnera lesdiz cloux (sic) et aidera à chanter ladicte messe aura XXX francs pour achater rente pour lui. Ont aussi donné et fait faire le saint crucefy de Pitié assis empire [1] ladicte chapelle, et poindre icelle chapelle et la vôte à leurs despens, et baillarent IIII[c] francs pour acquirir rentez au prouffit de ladicte messe ès mains de Jehan Bercaut le jusne [2]. Et fut commancié ladicte messe à chanter par messire Estiene de Valance [3], le jour de Noël l'an M CCCC et XVIII, présens maistres Jehan...... [4].

1. Du côté de l'Empire, au levant. Les mariniers désignent aujourd'hui encore les rives de la Saône par les mots d'*Empi* (gauche) et d'*Ryaume* (droite).
2. Jean Bercaud l'ancien avait été parrain de Jean, le 20 février 1491.
3. Parent, sans doute, de Guillaume de Valence, prêtre de la même église. Voir Archives de Mâcon, GG. 97.
4. Lacune d'une ligne coupée par le relieur (fol. 24).

II

Descendance de Henri Dupré, fils de Pierre et mari de Philiberte Cathelot.

(1455-1471)

[1] Nativitates liberorum magistri Henrici de Prato, in legibus licenciati, per eum genitorum in Filibertam, filiam Perrini Cathelot, ejus uxorem, cum qua nupcias contraxit ultima die junii [2], anno currente millesimo CCCC° quinquagesimo quarto, dicta Philiberta existente in etate decem et octo annorum.

I. — NAISSANCE DE CHRISTOPHE, 5 SEPTEMBRE 1455.

Et primo fuit oriundus Matiscone, in domo ipsius magistri Henrici, sita juxta domum Oliverii de Sagiaco, Christoforus, primogenitus dictorum conjugum, die veneris quinta septembris, hora quasi sexta ante meridiem, anno Domini millesimo CCCC° quinquagesimo quinto. Et fuerunt sui patrui portando magister Christoforus de Prato, in decretis baccalarius et frater germanus predicti magistri Henrici, et repportando Anthonius Cathelot [3], frater predicte Philiberte.

Quo anno, proh dolor, detinebatur ab infidelibus nobilissima civitas Constantinopolitana in Grecia, que a uobus annis jam fuerat captivata per Magnum Turcum; ad cujus recuperacionem vovit accedere illustrissimus princeps dominus Philippus, dux Burgondie [4].

1. Fol. 32-46.
2. Dimanche.
3. Voir Archives de Mâcon, CC. 73.
4. Ce vœu fut fait par Philippe le Bon, le 17 février 1454. Voir *Mémoires* d'Olivier de La Marche, éd. Beaune et d'Arbaumont, t. II, p. 381.

Quo tempore seu anno et per quinque annos precedentes, Karolus[1], rex Francie et pater Ludovici, dalphini Viennensis, totum regnum Francie pacifice tenebat, Anglicis totaliter expulsis de ducatu Normandie et eciam Acquitanie, quem ducatum Acquitanie tenuerant spacio fere quatercentum annorum[2], prout in cronicis reperiebatur, et maxime comitatum Burdegalensem.

Eratque pro tunc magna divisio inter dominum Ludovicum, ducem Sabaudie, et nobiles seu proceres dicte patrie contra dictum dominum ducem[3].

Erat eciam baillivus Matisconensis Ludovicus, dominus de Chantemerle[4] et de de Clayeta[5], qui fere annis sexdecin fuerat baillivus.

H. de Prato.

II. — NAISSANCE D'ANTOINE, 24 OCTOBRE 1456.

Anthonius de Prato, filius dicti magistri Henrici, fuit oriundus Matiscone in domo supradicta, die dominica XXIIII[a] octobris, M°CCCC° quinquagesimo sexto, hora sexta de mane. Et fuerunt sui patrui portando honestus vir Anthonius Cathelot, frater matris dicti Anthonii de Prato, et rapportando honestus vir Johannes de Carlato[6].

Quo anno fuerunt magne pluvie, que regnaverunt a prin-

1. Charles VII, père de Louis XI.
2. Depuis le mariage d'Éléonore de Guyenne avec Henri Plantagenet en 1152. — La guerre de Cent Ans avait duré de 1357 à 1453.
3. Allusion aux troubles qu'avait provoqués en Savoie l'arrogance de Jean de Compey, favori du duc Louis.
4. Voir Archives de Mâcon, AA. 6; BB. 14, 16, 17; CC. 52, 71; FF. 24; GG. 149.
5. La Clayette.
6. Voir Archives de Mâcon, CC. 71.

cipio mensis jullii usque per totum mensem septembris et
fere per majorem partem octobris, adeo quod vix populus
arare poterat, et taliter quod cuppa bladi, illo pendente
intervallo, vendebatur duobus grossis. Et vina nichil value-
runt, et vindemie fuerunt valde parve et rare, quoniam
cauda seu bota vini vendebatur quindecim franchis et ultra.

Et pariter illo anno et circa festum beati Johannis Baptiste, fuit visa quedam stella vulgariter nuncupata *cometa* [1],
ad modum stelle radios seu caudam habens, que videbatur
circa horam nonam de nocte a parte occasus solis, que
secundum astrologos denotabat signum malum.

H. de Prato.

III. — NAISSANCE DE PHILIBERTE, 7 MARS 1458.

Philiberta, filia dictorum conjugum, fuit oriunda Matiscone
in domo supradicta, die jovis nona marcii, hora decima post
meridiem, anno Domini millesimo CCCC° quinquagesimo septimo. Et fuerunt sui patrui portando venerabilis vir magister
Humbertus de Prato, canonicus ecclesie Matisconensis, baccalarius in legibus, cognatus germanus dicti magistri Henrici, et
repportando honestus vir Oliverius Regis [2], de comitatu Pro-
vincie, pro tunc factor apothece Oliverii de Sagiaco [3].

Illoque tempore seu estate immediate precedenti, viguit
magna pestis seu mortalitas per totam hanc patriam, et
fere per omnia loca circonvicina, adeo quod vix poterat
reperiri locus tutus causa reffugii. Fuitque eciam dicta

1. C'est la comète de Halley qui a une périodicité d'environ 76 ans. Elle
s'est montrée en 1531, 1607, 1682, 1759, 1835, et apparaîtra à la fin de 1911
ou au commencement de 1912.
2. Voir Archives de Mâcon, CC. 72.
3. De Sagie. Voir ci-dessus (naissance de Jean, 20 février 1411).

estate et presertim circa vindemias caristia bladi, taliter quod cuppa bladi vendebatur duodecin albis.

Illo eciam anno statin precedenti, dominus Ludovicus[1], dalfinus Viennensis, filius Karoli, regis Francie, cum paucis associatus hominibus, accessit Flandriam versus dominum Philippum, ducem Burgondie, et hoc, dum ad ejus pervenit auditum regem Karolum, patrem suum, gressus suos dirigere velle apud dictum Dalphinatum in quo erat et jam in eodem permanserat decem annis et ultra, absque videndo dictum ejus patrem.

H. de Prato.

IV. — NAISSANCE DE NICOLE, 20 AVRIL 1459.

Nicola, predictorum conjugum filia, fuit oriunda Matiscone in domo supradicta, die sabbati vicesima aprilis, hora sexta de mane, anno Domini M°CCCC° quinquagesimo nono. Et fuerunt sui patrui portando venerabilis vir magister Nicolaus Galli, licenciatus in legibus et locuntenens generalis domini baillivi Matisconensis, et repportando venerabilis vir magister Johannes Verjuti, licenciatus in decretis, canonicus et officialis Matisconensis.

Et illo tempore adhuc erat dominus Ludovicus, dalfinus Viennensis, cum domino Philippo, duce Burgondie, in patria Flandrie.

H. de Prato.

V. — NAISSANCE DE PERRENETTE, 26 NOVEMBRE 1460.

Perroneta, dictorum conjugum filia, fuit oriunda Matiscone in domo supradicta, die mercurii XXVI° novembris, in crastinum beate Katherine virginis, anno Domini millesimo CCCC° sexage-

1. Louis XI, fils de Charles VII.

simo, hora quasi decima de nocte. Et illico fuit baptizata, die sequenti minime expectata; et fuerunt sui patrui portando discretus vir dominus Petrus de Mercureyo, alias Champaigne, presbyter, qui per unum mensem ante habuit turnum [1] ecclesie parrochialis Sancti Petri, et rapportando Andochius Trompeti, pro tunc famulus et servitor magistri Henrici de Prato, dicte Perronete patris.

Et illa septimana Sagona adeo creverat quod jam erat ante hospitale Burgi Novi [2] et eciam ante domum Johannis Nobleti, poterii, ante Bocheriam hujus ville existentem.

Illo eciam tempore adhuc erat dominus Ludovicus, dalphinus Viennensis, in Flandria, cum domino duce Burgondie, sumptibus ipsius domini ducis.

Illo eciam anno vindemie fuerunt valde parve ac taliter quod cauda vini fuit vendita incontinenti vindemiis factis duodecin franchis et ultra, et sperabatur quod in estate proxima carius venderetur.

Fuit eciam ripparia Sagone ita magna in prima septimana Quadragesime quod fuit ante domum meam et domum Anthonii Aillodi junioris, et erat XV[a] februarii, anno predicto.

H. de Prato.

VI. — NAISSANCE DE CATHERINE, 25 AVRIL 1462.

Katherina, predictorum conjugum filia, fuit oriunda Matiscone in domo supradicta, die lune post Quasimodo XXV aprilis, anno Domini millesimo CCCC° sexagesimo secundo, inter ter-

---

1. Sur les *chapelains du Tour* ou *Tournistes*, désignés alternativement par les curés et les échevins, — d'où leur nom, — voir Archives de Mâcon, BB. *19*, 128, etc.

2. Hôpital Notre-Dame ou de Bourg-Neuf, entre la rue Carnot et le quai Sud. Voir Archives de Mâcon, GG. *154* et suiv.

ciam et quartam horas de mane. Et fuerunt sui patrui portando magister Symon Cathelot, magister in artibus et baccalarius in decretis, frater germanus matris predicte Katherine, et repportando magister Lancelotus Ailloudi, in legibus baccalarius.

Et illa estate precedenti [1] fuit consecratus et coronatus simul in civitate Remensi Ludovicus, dalphinus Viennensis, filius Karoli, regis Francie, qui diu steterat in partibus Flandrie cum domino Philippo, duce Burgondie, qui quidam dominus dux in predicta coronacione interfuit cum maximo exercitu et apparatu, et suis sumptibus conduxit predictum Ludovicum post sui coronacionem usque ad civitatem Parisiensem, in qua idem dominus dux non fuerat de quadraginta annis, et hoc propter guerras et divisiones regni Francie inter dictum regem Karolum et predictum dominum ducem.

H. de Prato.

VII. — NAISSANCE DE JEAN, 2 AOUT 1463.

Johannes, predictorum conjugum filius, fuit oriundus Matiscone in supradicta domo, die martis secunda augusti, anno Domini millesimo CCCC° sexagesimo tercio, inter terciam et quartam horas de mane; et fuerunt sui patrui portando honorabilis vir Johannes Cathelot [2], frater germanus matris dicti Johannis, et repportando venerabilis vir magister Lancelotus Ailloudi, jurisperitus.

Quo in tempore et illa estate tanta fuit fertilitas omnium bladorum quod asinata frumenti vendebatur novem grossis, et siliginis quatuor grossis, et sperabatur quod vilius et pro minori precio haberetur.

1. Le 15 août 1461.
2. Voir Archives de Mâcon, CC. 72.

Et in estate precedenti fuit tanta siccitas in rippariis, molendinis et puteis, quod de memoria hominis non fuit visa similis, adeo quod de decem leucis veniebant multi ad molendum in molendino de Fresim [1] et de la Fuly [2] ultra fluvium Sagone existentibus; et vix poterat hauriri aqua in puteo hujus domus.

H. de Prato.

VIII. — NAISSANCE D'EULALIE, 27 OCTOBRE 1464.

Eulalia, sepedictorum conjugum filia, fuit oriunda Matiscone in domo supradicta, die sabbati in vigilia beatorum Symonis et Jude, anno currente millesimo CCCC° sexagesimo quarto, inter terciam et quartam horas de mane, et incontinenti eadem hora fuit baptizata. Et fuerunt sui patrui portando Johannes Moyrodi, et repportando Bartholomeus Revesie, tunc clericus patris dicte Eulalie.

Quo in tempore vindemie dicti anni fuerunt valde rare circoncirca presentem civitatem et in omnibus locis infimis et bassis, et presertim nulla fuerunt vina in tota Bassa Breyssia, et in ceteris locis altis, ut puta in montibus, vindemie fuerunt magne et valde fertiles.

Et illa estate et in mense maii, alter filiorum domini Ludovici, Sabaudie ducis, nuncupatus *Philippe Monsieur* [3], fuit mandatus per Ludovicum, regem Francie, ad salvum conductum, et nichilominus dum fuit ad ipsum regem,

1. Nom disparu.
2. Moulin de la Folie, sur la Veyle.
3. Philippe de Savoie, comte de Bâgé et de Bresse, 5e fils de Louis Ier, duc de Savoie, et plus tard (1496) duc sous le nom de *Philippe II*. — « Pendant sa jeunesse on ne l'appelait que *Philippe Monsieur* » (Guichenon, *Histoire généalogique de la royale maison de Savóie*, t. II, p. 165).

illum fecit detineri prisionarium. Et est dictus *Philippe Monsieur* frater germanus regine Francie [1], uxoris dicti Ludovici regis [2].

H. de Prato.

IX. — DÉCÈS DE FRANÇOISE RECIER, VEUVE DE PIERRE DUPRÉ ET MÈRE DE HENRI, 30 OCTOBRE 1464.

Honesta mulier Francesia, relicta deffuncti Petri de Prato, quondam procuratoris et electi regii, avia paterna dictorum liberorum, bona ac devota mulier, decessit Matiscone, in domo venerabilis viri magistri Christofori de Prato, ejus filii ac fratris germani patris dictorum liberorum, in decretis baccalarii et confratris majoris altaris in ecclesia Sancti Vincencii, sita prope capellam Burgi Sancti Johannis [3], die martis penultima octobris, hora meridiana. Et fuit sepulta die mercurii sequenti, in vigilia festi omnium sanctorum, in ecclesia beati Petri Matisconensis, in valle hujus domus, prope magnum altare, a parte euvangelii, anno Domini millesimo CCCC° sexagesimo quarto.

X. — DÉCÈS D'EULALIE, 5 NOVEMBRE 1464.

Anno predicto et die lune quinta mensis novembris, predicta Eulalia migravit ab hoc seculo ; et eodem die fuit sepulta [4] retro capellam Domine Nostre de Pitié et ante capellam sancti Romani, ante picturam Judicii, cum aliis suis fratribus et sororibus.

1. Charlotte de Savoie, femme de Louis XI.
2. Philippe de Savoie fut arrêté en Berry et détenu deux ans au château de Loches (1464-1466). Voir Guichenon, *Histoire de Bresse et de Bugey*, p. 90 et 91.
3. On en voit encore un des débris rue Saint-Jean.
4. Dans l'église Saint-Pierre.

XI. — NAISSANCE D'UNE AUTRE EULALIE, 10 DÉCEMBRE 1465.

Eulalia, predictorum conjugum filia, fuit oriunda Matiscone, in predicta domo, die martis decima decembris, qua die colebatur festum beate Eulalie, anno Domini millesimo CCCC° sexagesimo quinto.

Quo tempore eram Divione [1] cum magistro Johanne Verjuti [2], licenciato in decretis et canonico Matisconensi, pro certis negociis hujus civitatis et tocius patrie Matisconensis. Et jam fueram in ebdomada ante festum beati Michaelis eodem anno, tanquam unus ex scabinis dicte ville pro certis aliis arduis negociis.

Et eodem anno LX quinto et incontinenti post Pascha, grandis fuit orta divisio et discordia [3] inter Ludovicum, regem Francie, filium regis Karoli, de quo rege Ludovico fit mencio supra in nativitate Philiberte, et fere quasi omnes duces et principes Francie, et presertim de suo sanguine existentes, ut puta dominum Karolum, fratrem dicti Ludovici regis, ducem Bituricensem [4], ducem Bourbonii [5], ducem Britagnie [6], ducem Calabrie [7], Karolum [8], filium Philippi [9], ducis Burgondie, comitem Kadralensem [10], ducem de

1. Dijon.
2. Jean Verjus avait été un des parrains de Nicole, le 20 avril 1459.
3. Guerre dite du *Bien public* qui se termina par le traité de Conflans (5 octobre 1465).
4. Charles de France, duc de Berry, frère de Louis XI.
5. Jean le Bon, duc de Bourbon.
6. Jean de Montfort, duc de Bretagne.
7. Jean d'Anjou, duc de Calabre.
8. Charles le Téméraire.
9. Philippe le Bon.
10. Charles le Téméraire porta le titre de *comte de Charolais* jusqu'à la mort de son père (1467).

Nemours [1], comites de Dunoys [2], d'Armigniat [3], d'Ale-
bret [4], de Dampmartin [5], qui omnes fuerunt cum maxima
armata et maximo excercitu ante civitatem Parisiensem,
dicto rege existente in eadem eciam cum magna potestate,
ac tamen non in tanta sicuti predicti duces erant, quoniam,
prout communiter et notorie dicebatur, non fuit de memoria hominis visa tanta multitudo armatorum sicuti pro
tunc erant tam extra civitatem Parisiensem quam intra.
Et ibidem steterunt durantibus messibus et vindemiis.
Et ante dictam civitatem primo applicuit predictus Karolus, comes Kadralensis, cum magna armata et magno exercitu; et fuit sua prima armata, fuitque in majori excercitu
quam fuerint tres de potencioribus ducibus prenominatis.
Et applicuit apud Sanctum Dyonisium [6] prope dictam civitatem, solus cum suo excercitu, antequam alii duces essent,
rege adhuc existente in patria Bourbonii, et satis prope villam de Molins [7], qui ibidem magnam faciebat guerram,
quoniam dominus Bourbonii primo inchoaverat contra illos
de civitate et patria Lugdunensi; et jam ceperat dictus rex
villam de Montlisson [8] et certas alias parvas villas. Et dum
idem rex audivit dici et sibi relatum extitit quod predictus comes Kadralensis erat apud Sanctum Dyonisium cum
tanto excercitu, illico et incontinenti apud dictam civitatem cum toto suo excercitu et tota ejus potencia suos gres-

1. Jacques d'Armagnac, duc de Nemours.
2. Jean, comte de Dunois, dit *le bâtard d'Orléans*.
3. Jean, comte d'Armagnac.
4. Charles, comte d'Albret.
5. Antoine de Chabannes, comte de Dammartin.
6. Saint-Denis.
7. Moulins.
8. Montluçon.

sus direxit, credens reperire dictum comitem inconsultum, et in suis factis seu gestis non bene advisatum. Sed quia dictus comes intellexit predictum regem venientem contra se, dicto regi venit obviam usque ad villagium seu locum de Montlehery [1], et ibidem regem expectavit, taliter quod rex cum sua comitiva per modum belli dictum comitem et suos viriliter invasit et debellare voluit. Sed ipse comes cum maxima potencia eundem regem repulit taliter quod, post magnam stragem hinc inde interfectorum seu occisorum, campus remansit dicto comiti, et dictus rex fuit dare terga cohactus, et cum paucis associatus se retraxit Parisius. Et deinde post paucos dies alii principes ibidem supervenerunt. Nec dictus comes habebat adhuc in sua armata aliquos de Burgondia, quia ipse venerat de partibus Flandrie et paucos Burgondos secum ducebat, et eciam quoniam dominus marescallus Burgondie [2], qui pulcram armatam ducebat, nundum applicuerat versus predictum dominum comitem. Ymo, prout communiter dicebatur, si dictus marescallus fuisset in societate domini comitis, nullus de exercitu regis evasisset.

Et tandem in mense octobris sequenti [3], facta fuit concordia hoc modo, videlicet quod dictus rex fuit contentus fratri suo duci Bituricensi dare ducatum Normandie, quem incontinenti et post paucos dies elapsos eidem removit, sibique dare voluit in compensacionem comitatum Campanie una cum ducatu Bituricensi, actamen accipere noluit ; et dicto domino comiti dedit terras quas idem rex redemerat a domino Philippo, duce Burgondie, patre dicti comitis,

1. Montlhéry, où fut livré bataille le 15 juillet 1465.
2. Thibaut de Neuchâtel.
3. Le traité de Conflans fut signé le 5 octobre 1465.

et quas terras habuerat dictus dominus dux per tractatum pacis factum cum rege Karolo, patre dicti regis Ludovici, in civitate Atrabatensi ¹, que terre situantur in Picardia supra rippariam de Soomme; et pro dictis terris redimendis, dictus rex Ludovicus dederat dicto domino duci quatercentum mille scuta auri, prout per dictum tractatum pacis tenebatur.

Eo eciam tempore, fuit magna divisio et guerra inter Leonenses, dit *les Ligeoys* ², qui inceperunt guerram contra dominum Philippum ducem, existentem in partibus Flandrie, dum predictus dominus comes, ejus filius, erat ante civitatem Parisiensem. Sed postquam fuit facta pax cum rege et aliis principibus, dictus dominus comes accessit contra dictos *les Ligeoys*, et statim tractaverunt pacem cum eodem sibique dederunt maximam auri quantitatem et quamplura alia fecerunt, prout in tractatu continetur.

H. de Prato.

XII. — NAISSANCE DE JEANNETTE, 25 AVRIL 1467.

Johanneta, predictorum conjugum filia, fuit oriunda Matiscone, in domo supradicta, die dominica XXVᵃ mensis aprilis, hora tercia post mediam noctem, anno Domini millesimo CCCC° sexagesimo septimo. Et incontinenti circa horam quintam ejusdem mane fuit baptizata, et fuerunt sui patrui seu patrini videlicet portando Johannes Moyrodi, et repportando ³.....

Et anno precedenti, videlicet in mense augusti vel septembris, anno M°CCCC°LX sexto, fuit obsessa villa de

1. Traité d'Arras du 21 septembre 1435.
2. Les Liégois.
3. Le nom du second parrain, s'il y en a eu un, manque.

Dinant [1], in patria *du Liége*, per illustrissimum principem dominum ducem Burgondie, et serenissimum principem dominum Karolum, comitem Kadralensem, filium dicti domini ducis, qui comes totam armatam conducebat. Et fuit obsessa dicta villa, que erat valde diviciis opulenta et valde populata; et hoc, propter quamplura gravia dampna et innumerabilia per dictos de *Dinant* illata contra patrias dicti domini ducis, et eciam propter infinitas et graves injurias verbales contra personas dictorum principum per eosdem de *Dinant* illatas. Et fuit capta dicta villa infra spacium octo dierum; et fuit mirabilis armata et potentissima. Fuitque dicta civitas funditus destructa et totaliter igne exusta ex condempnacione dictorum principum; et fuit duntaxat reservata vita incolis et habitantibus in ea, fueruntque infinite divicie comperte in eadem [2].

Et nobilis et potens vir dominus Johannes de Damas [3], in mense marcii, anno MᵒCCCCᵒLX sexto, recepit possessionem bailliviatus Matisconensis, et erat in etate XXIIIIᵒʳ annorum, miles valde pulcher.

H. de Prato.

XIII. — DÉCÈS DE CATHERINE, VEUVE DE PERRIN CATHELOT ET BELLE-MÈRE DE HENRI, Iᵉʳ JUILLET 1467.

Honorabilis et devota mulier Katherina, relicta deffuncti Perrini Cathelot, quondam civis Matisconensis, avia materna predictorum liberorum, decessit Matiscone, in domo predicti Perrini

1. Dinant (Namur).
2. Dinant fut pris le 25 août 1466.
3. Voir Archives de Mâcon, AA. 3, 4; BB. 18, 131; CC. 72; DD. 1, 2; EE. 1, 9; GG. 162.

sita in vico Scampsorum [1], die mercurii prima mensis julii, anno
Domini M°CCCC°LX septimo. Et fuit sepulta in eorum valle,
quod est ante capellam beati Martini, in ecclesia sancti Vincencii ;
et quam siquidam capellam de novo construi et edificari fecit dictus Perrinus, ac eam de bonis suis ample dotavit.

Die vero decima quinta mensis junii inmediate prece-
dentis et dicto anno LX septimo, illustrissimus ac serenissimus princeps dominus Philippus, dux Burgondie, pater
domini Karoli, ducis moderni, suos dies clausit extremos.

H. de Prato.

Subsequenter et de anno Domini M°CCCC° sexagesimo septimo, in mense jullii, serenissimus princeps dominus dux Burgondie novus, Karolus nuncupatus, cum maximo excercitu,
ymo majori, prout communiter dicebatur, quam haberet ante
civitatem Parisiensem, accessit ad patriam Leonensem, gallice du Liège, et hoc causante rebellione per eosdem facta,
non obstante concordia per eos inhita cum predicto domino
duce, et de qua concordia aliqualis mencio habetur in des-
cripcione nativitatis Eulalie superius inmediate ante nati-
vitatem Johannete descriptam. In quo siquidam excercitu
mirabiliter triumphavit, et ita victoriose se habuit quod
primo villam de Centron [2], et deinde de Tongre [3], captivatas
reddidit seque misericordie et voluntati ejusdem domini
ducis submiserunt. Deindeque se transtulit cum predicto
suo excercitu anté civitatem Leonensem, gallice du Liège,
et antequam predictus dominus dux obsedionem ante dictam civitatem poneret, prout ponere totaliter proposuerat,

1. Rue du Change, ou plus exactement rue des Changes, rue aux Changes,
rue au Change, aujourd'hui rue Dombey.
2. Saint-Trond (Limbourg).
3. Tongres (Id.)

predicti *du Liège* in magno numero et de apparencioribus
seu majoribus, in vestibus nigris, predicto domino duci
obviam venerunt, eidemque claves eorum civitatis presen-
taverunt ac humiliter misericordiam postulaverunt. Quod
tamen prima fronte idem dux facere noluit, nisi totaliter
sue voluntati se submicterent; et tandem eodem die de
dicta civitate exiverunt centum homines nudi, demptis
camesiis, qui nomine ejusdem civitatis se submiserunt misericordie et omnimode voluntati dicti domini ducis, exceptis de duobus, videlicet *de feu* et *de pillage.* Et, hoc facto,
prefatus dominus dux dictam civitatem intravit[1] ac si bel-
lum intraret, et, prout communiter dicebatur, erant in ejus
comitiva plus quam de centum mille hominibus armatis;
nec in dicta armata erant Burgondi, saltem bene pauci.
Ymo erant in Burgondia in magna armata, tenentes campos et infinita mala facientes; non tamen fuerunt in patria
Matisconensi, saltim prope civitatem ad tres leucas; et eciam
non erat opus, quoniam in estate precedenti maxima fuerat tempestas. Et erant conductores dictorum Burgondorum
princeps Aureicensis[2], dominus de Coulches[3], dominus de
Beaulchampt[4] et quamplures alii potentes milites et nobiles,
ut puta dominus de Lugniaco[5], dominus de Guichia[6],
dominus d'Espiney[7], etc. Fueruntque finaliter menia dicta-
rum civitatum *du Liège,* de *Centron* et de *Tongre* ex condempnacione ad terram prostrata et totaliter devastata.

1. Le 17 novembre 1467.
2. Guillaume de Chalon, prince d'Orange.
3. Couches.
4. Beauchamp, commune de Neuvy.
5. Lugny.
6. La Guiche.
7. Épinac (?)

XIV. — NAISSANCE DE LOUISE, 25 AOUT 1469.

Ludovica, predictorum conjugum filia, fuit oriunda Matiscone in domo supradicta, die veneris festi beati Ludovici XXV augusti, anno Domini M°CCCC°LX nono, inter sextam et septimam [horas] de mane. Et fuit baptizata in ecclesia beati Petri Matisconensis, et fuerunt sui patrini, videlicet portando venerabilis vir magister Guillelmus Boron, rector scolarum hujus ville Matisconensis, et magister in artibus, et repportando honorabilis vir Johannes de Prato, patrinus dicte Ludovice.

Et anno precedenti, videlicet in mense septembris M°CCCCLX octavo, civitas Leonensis, gallice *du Liège*, que anno precedenti se submiserat misericordie Karoli, ducis Burgondie, iterato se rebellavit, taliter quod idem dominus dux maximum fecit excercitum et magnam armatam, in qua interfuit tota nobilitas patriarum Burgondie et comitatus Matisconensis, et principaliter dicta armata fiebat contra regem Ludovicum [1], qui eo tunc habebat discordiam cum fratre suo duce Bituricensi. Sed quando idem rex fuit informatus de potestate dicti domini ducis, ipsemet, cum paucis associatus militibus, venit ad villam de *Peyrone* [2] in Picardia, et fecit pacem cum dicto domino duce, confirmando tractatum pacis facte in civitate Atrebatensi. Et incontinenti facta pace, idem dominus dux cum toto suo excercitu accessit ad dictam civitatem Leonensem, et eciam dictus rex Ludovicus voluit associare dictum dominum ducem cum tribus centum lanceis, et finaliter infra octo dies dicta civitas fuit per dictum dominum ducem captivata, et ex

1. Louis XI.
2. Péronne. La conférence du roi et du duc y eut lieu le 9 octobre 1468.

4

condempnacione fuit combusta et totaliter depredata, et muri dicte civitatis desrupti [1].

Et dicto anno LX octavo Francigene intraverunt Bassam Breyssiam, qui ibidem infinita mala fecerunt.

H. de Prato.

XV. — NAISSANCE DE DENISE, 9 OCTOBRE 1471.

Dyonisia, predictorum conjugum filia, fuit oriunda in parrochia Mansiaci [2] in Breyssia, in domo que fuit liberorum Johannis Dyague de Matiscone, in qua parrochia ego, uxor et mei liberi nos retraxeramus propter pestem epedimie vigentem in civitate Matisconensi. Et primo nos retraxeramus apud Baugiacum [3], sed ibidem supervenit epedimia, et tunc confugimus apud dictum Mansiacum, et fuit nata predicta Dyonisia die mercurii quod erat festum beati Dyonisii, circa horam medie noctis. Et fuit baptizata in dicta parrochia Mansiaci; et fuit suus patrinus portando et repportando discretus vir dominus Johannes Lanon, presbyter, qui erat eciam retractus ibidem propter pestem; et fuit anno Domini M°CCCC° septuagesimo primo.

Anno vero precedenti, videlicet M°CCCC° septuagesimo, in prima ebdomada kadragesime, et die martis secunda mensis marcii, Francigene intraverunt patriam Matisconensem in maximo excercitu, et fere numero triginta mille hominum [4],

1. Le 30 octobre.
2. Manziat.
3. Bâgé-le-Châtel.
4. Les chroniqueurs contemporains mentionnent à peine les ravages que subit alors la Bourgogne. Thomas Basin. le plus explicite d'entre eux, après une rapide allusion à la journée de Buxy, ajoute : « Passa est Burgundia, illa expeditione Ambianensis durante, plurima damna jacturasque a militia regis, cujus ducatum in illa parte habere ferebatur comes delphinus Alverniæ, qui,

quem conducebant bastardus Armagniaci, tunc comes de
Commenge [1], comes Dalphini [2] et comes de Peyregor [3], qui
comites dictum excercitum conducebant nomine regis Ludovici, de quo supra in aliis nativitatibus liberorum fit mencio,
domino duce Burgondie Karolo existente in partibus Flandrie et hoc ignorante. Et die mercurii sequentis tercia
marcii, dicti comites existentes apud Prissiacum [4] et ibi cir-
cumcirca miserunt apud Matisconem duos nuncios, gallice
héraux, qui venerunt usque ad portam Barre [5], et pecierunt
scindicos et burgenses, dicentes se habere et portare licteras
nomine dictorum comitum, ac eciam petentes obedienciam
et apperturam nomine regis. Qua die mercurii, et ante
adventum dictorum nunciorum, jam erat ignis impositus
et accensus in domibus monasterii sancti Petri extra muros
Matisconis, et hoc propter timorem dictorum armigerorum.
Quod siquidam monasterium erat valde pulcrum, tam in
ecclesia duobus tintinabulis quam eciam domibus et aliis
edificiis. Et tandem fuit dictis nunciis responsum per dominum de Bellefon [6], tunc existentem capitaneum garnisionis
existentis in villa Matisconis, quod nulla fieret obediencia.

cum aliqua parte stipendiariæ atque ordinariæ militiæ regis, junctis nobilibus
Alverniæ et Delfinatus, multa castella et villas in Burgundia expugnavit et diri-
puit. Erant illic et nonnulli Leodienses exsules, Burgundionum infestissimi et
acerbissimi inimici, qui in populos et accolas Burgundiæ sine misericordia sæ-
viebant, sicubi manus mittere possent. » (Thomas Basin, *Histoire des règnes
de Charles VII et de Louis XI*, éd. J. Quicherat, t. II, p. 277.) Voir aussi
Guillaume Paradin, *Annales de Bourgongne*, p. 945.
  1. Jean, bâtard d'Armagnac et comte de Comminges.
  2. Bertrand, comte de Boulogne et dauphin d'Auvergne.
  3. Alain, sire d'Albret et comte de Périgord.
  4. Prissé.
  5. La porte de la Barre.
  6. Claude de Dommartin, seigneur de Bellefont.

Qui nuncii illico recesserunt apud dictos comites in villagio Prissiaci existentes. Qui siquidam comites cum eorum excercitu suos gressus direxerunt apud villam Cluniacum [1] et illam invaserunt, et die inmediate sequenti dictam villam ceperunt, et ibidem multa mala fecerunt, et fuit causa dicte destructionis et interprisie dictorum armigerorum dominus Johannes de Borbonio [2], donatus tunc abbas dicte abbacie. Et finaliter dicti armigeri habuerunt villas Sancti Gengulphi [3], Marcigniaci [4], Kadrellarum [5], Paredi [6] et fere omnium castrorum patrie Matisconensis, exceptis castris de Dondano [7] [et] Berziaci Castri [8]. Quibus omnibus ad noticiam dicti domini ducis perventis, magnum fecit excercitum armigerorum, et finaliter castra de Turribus [9], Vinzellarum [10], Sancti Saturnini [11], de Buxeria [12], de Lena [13], et de Arpeyo [14] fuerunt per communitatem patrie Matisconensis combusta et totaliter destructa; fueruntque habitantes de Sancto Saturnino bis illo [anno] totaliter depredati per Burgondos et commune comitatus Matisconensis, quoniam dicebatur dictos de Sancto Saturnino esse Francigenas [15]. Et erant

1. Cluny.
2. Jean de Bourbon, abbé de Cluny (1456-1480).
3. Saint-Gengoux-le-National.
4. Marcigny.
5. Charolles.
6. Paray-le-Monial.
7. Dondin, commune de Pressy-sous-Dondin.
8. Berzé-le-Châtel.
9. Les Tours, commune de Crêches.
10. Vinzelles.
11. Saint-Sorlin.
12. Bussières.
13. Leynes.
14. Arpayé, commune de Fleurie (Rhône).
15. Partisans des Français plutôt que Français, car Saint-Sorlin n'appartenait pas, que nous sachions, au roi de France.

Alamani in villa Matisconensi in garnisione in magno numero, omnes colovrinarii et colovrinas defferentes, qui fuerunt causa combustionis turris Sancti Saturnini.

Et dicto anno currente M°CCCCLXX°, post mediam kadragesimam, fuit dieta, gallice *la Journée de Buxi*, in qua erant predicti comites Francigene ; et erant conductores ex parte Burgondorum domini de Coulches et de Montagu ¹. Qui siquidem Burgondi fuerunt devicti et dietam perdiderunt.

Et incontinenti dominus Karolus ², dux Burgondie, accessit cum maximo excercitu ante civitatem Ambiannensem, et ibi posuit obsedionem, infra quam civitatem erat fere tota nobilitas regis Ludovici, et que civitas spectabat proprius dicto domino duci per tractatum pacis Actrabatensis, sed, ut dicebatur, per medium comitis Sancti Pauli ³, tunc existentis conestabuli Francie, fuit reducta ad obedienciam regis per media exquisita et subtili ingenio. Et existente dicta obsedione, fuerunt capte inducie seu treuge novem mensium ad requestam regis, et recessit excercitus prefati domini ducis ⁴.

H. de Prato.

---

1. D'après Perry, Claude de Montaigu, seigneur de Couches, périt à la bataille de Buxy. Voir *Histoire de la ville et cité de Chalon-sur-Saône*, p. 292.
2. Il y a par erreur *Ludovicus* dans le manuscrit.
3. Le connétable de Saint-Pol.
4. La trêve d'Amiens fut signée le 4 avril 1471.

III

Descendance de Christophe Dupré, fils de Henri et mari de Jeannette.
(1482-1487).

[1] Nativitates liberorum Christofori de Prato, de Matiscone, nunc commorantis Trenorchio et chasseterii [2] dicte ville, per eum genitorum in Johannetam, ejus uxorem.

I. — NAISSANCE DE NICOLAS, 15 MARS 1482.

Premièrement fust né Nycolas, en la maison des héritiers de feu Olivier de Sagie, dudict Mascon, devant Saint-Andrié [3] audict Tournus, près de la maison de maistre Claude Colin ; et fust né le XVe jour de marcs [4], à XI heures de nuyt, l'an mil IIIIᶜIIIIˣˣ et deux, et fust son parrein Nycolas de Bourgoigne, bourgeois dudict Tournus.

Et en ceste année costoit le boysseaulx de blez ung franc, et l'année devant il cousta II francs I escuz ledict boisseaulx ; et XII, XIIII, XVI francs la bote de vin. Et costoit une chose fort piteuse à veoir, car les pouvres gens ce leissoient mourir par les champs et par les rues de force de famine, tant que les cimitières dudict Tournus ne furent pas grant assés, mais fust force de les ensevelir en l'ospital dehors la ville,

---

1. Fol. 3-5, sauf en ce qui est du § VI.
2. Chaussetier.
3. Saint-André.
4. Vendredi.

en ung jardin derrière ledict hospital; et n'estoit pas ledict jardin bénit de beaucop de temps aprest.

Ch. Dupré.

II. — NAISSANCE DE HENRIETTE, 20 AVRIL 1484.

Henriete fust né en la maison que dessus le mardi après Pasques mil IIII^cIIII^{xx} et IIII, le XX jour d'avril, à sinq heures après vespres; et la pourta baptizer le sire Henry Boffeaud, bourgeois dudict Tournus.

Et ceste année fust grant habondance des biens, la mercy Dieu, tant que le boisseaulx de froment ne coustoit que six blans et moings; et aussi pareillement du vin, car l'on avoit la bote du vin pour ung escuz, et pour X gros bon vin. Et en la Pêcherie¹ fust baillé et vendu ledict vin IIII pinctes pour ung niquet beaux vin, et le feisoit vendre le sélerier de l'abbaye², tant que la fuste coustoit beaucop plus que le vin; car l'on vendoit ladicte fuste X et XII gros.

Et ceste année ala le roy Loys³ de vie à trespas⁴, lequel avoit ung filz qui fust coronné à Paris ceste dicte année, et son non estoit Charles⁵. Et bien despuis XII ou XIIII ans devant, nous avions tousjours heuz gens d'armes en garnison audict Tournus, qu'estoit grant fole pour le pays.

Et ceste année prêcha frère Jehan Bourgeois, cordelier de l'observance⁶, lequel avoit ung grant non par tout le monde,

---

1. Le quartier de la Pêcherie est bien connu à Tournus. La rue de la Pêcherie est dénommée aujourd'hui « rue de la Poissonnerie ».
2. De Tournus.
3. Louis XI.
4. Le 30 août 1483.
5. Charles VIII.
6. Ce fut à la requête de ce religieux que Charles VIII fit construire un

et prescha par trois jours, et fust adverty de l'ospital où
estions les pouvres corps ensevelix pour ce que le semitière
que dessus n'estoit pas encour bénit, don il en crya fort
contre ceulx qui estoient cause de ce que l'on ne le bénissoit,
car c'estoit bien mal fait.

Ch. Dupré.

III. — NAISSANCE DE VIOLETTE, 9 AOUT 1486.

Violette, l'autre de mes filles, fust né en la maison que dessus
le mecredi IXᵉ jour d'aoust mil IIIIᶜIIIIˣˣ et VI, à IIII heures après
mynuit; et la pourta baptizer messire Violet Nantuard, curé de
Nance [1] et l'ung des chappelain de la parroche Saint-Andrié.

Et ceste année valoit le boysseaulx de blé IIII gros, et le
vin, X francs. Et incontinant l'année après, l'on l'espéroit
plus cher, car les vendanges estiont fort petites et n'y trou-
voit l'on ès vignes comme riens au regart des bonnes
années; et n'estoit point de vin vielx, et ce qui en estoit fust
tout tourné.

Et ceste dicte année fust crié la guerre entre le roy Charles
et le duc d'Autteriche. Et furent crié les bans et rièrebans
pour partir tous les gentishommes du pays, le XXᵉ jour
d'avril, sur grans peyne, pour aler là où y plairoit au Roy.

Ch. Dupré.

IV. — NAISSANCE DE JEAN, LE 13 AVRIL 1488.

Jehan, l'autre de mes filz, fust né en la maison que dessus le
lundi XIIIᵉ jour d'avril l'an mil IIIIᶜIIIIˣˣ et huit entre sinq et six

---

couvent de cordeliers à l'extrémité du faubourg de Lyon appelé *Vaise*. Voir la
*Très joyeuse, plaisante et recréative histoire du Gentil seigneur de Bayart, composée
par le Loyal serviteur*, éd. J. Roman, p. 19.

1. Nance (Jura) [?]. Peut-être faut-il lire *Nancé* pour *Mancey*.

aprest midy; et le pourta baptizer monsieur de Lansac, homme d'armes de la compagnie de monsieur le mareschal de Bourgoigne, lors estant en garnison à Tournus.

Et ceste anné valoit le blez X blancs et tantost après XII blans; et la bote du vin ne valoit que sinq francs, et VI francs le meilleur, et avant que vendange fussion, l'on vendoit ladicte bote XIIII et XV francs, et espéroit l'on qu'elle vadroit ceste année après XVIII et XX francs, pour ce que y n'y avoit comme riens ès vignes, car elles estions toutes colées.

Et espéroit l'on la pays entre le roy de France et les autres princes.

Ch. Dupré.

V. — NOTE RELATIVE A LOUISE, FILLE NATURELLE DE CHRISTOPHE, FILS DE PIERRE ET ONCLE DE CHRISTOPHE. 1490.

[1] Aujourd'uy XXVIe jour du moys de juing mil IIIIcIIIIxx et X vint demeurer avec moy la Loyse de Mascon, donné à mon oncle maistre Christofle Dupré, laquelle est bien en l'eage de XV ou XVI ans.

Et ceste année valoit le blé VI gros le boyseaulx, et la bote de vin XIIII et XVI francs. Et lors les gens d'armes estant à garnison à Tournus s'en allarent en Bretaigne.

VI. — NAISSANCE DE FRANÇOIS, 20 SEPTEMBRE 1491.

Françoys, l'autre de mes filz, fust né en la maison que dessus le vendredi veille sainct Mathias l'an mil IIIIcIIIIxx et unze[2], entre

---

1. Fol. 1 vo.

2. Cette date est celle que François Dupré lui-même a inscrite au XVIe siècle, en ajoutant à la marge cette note : « Constat de data per registrum

quatre et cinq aprest midy. Et le pourta baptizer la dame Françoyse, femme du sieur Pernet, revendeur, et le rapporta Guillemin de Lestang, fillastre de ladicte dame Françoyse.

Et ceste année l'on vendoit la bote de vin XV francs, et
XVI francs et plus. Et l'année aprest fust grant habundance
de biens, le vin IIII francs, VII francs le meilleur; le
boisseaulx de blé II gros VII blancs.

Et ceste année le roy Charles eust ung beaulx filz [1], et
fust le premier né de ces filz.

VII. — NAISSANCE DE SIMON, LE 30 AOUT 1494.

Symon, l'autre de mes filz, fust né en la dicte maison le vendredi pénultième jour d'aoust, l'an mil IIIIᶜIIIIˣˣX et quatorze, entre
sept et huit heures devers matin. Et le pourta baptizer discrète
personne messire Symon Bardet, presbtre, curé d'Uyly [2], receveur de Monsieur de Balleurre [3].

Et ceste année valoit le boysseaulx de blez XII et XIIII
blancs; et la bote du vin ce vendoit XVI et XVIII francs, et
espéroit l'on la vendre XX francs et XXII francs, car il n'y
avoit comme riens ès vignes, et avoient faillir par tout le
réaulme de France.

Et ceste dicte année le roy de France envoya toutes les
gens d'armes à Naples, et espéroit le Roy il aler en personne.

domini Johannis, vicarii sancti Andree, que est die veneris sero in vigilia
sancti Mathie apostoli, anno Domini millesimo quadringentesimo nonagesimo
primo. »

1. Le dauphin Charles, mort en 1496.
2. Huilly.
3. M. de Rabutin, seigneur de Balleure.

Et estions en ceste ville en garnison les gens de Monsieur
le mareschal de Gy [1], lesquex n'y alarent point.

Despuis ceste année le Roy...[2]

Ch. Dupré.

VIII. — NAISSANCE DE JEAN ET CHRISTOPHE, 3 MARS 1497.

Jehan et Christofle furent né en la maison que dessus le III[e]
jour de marcs [3] l'an mil IIII[c]IIII[xx] et seze, entre dix et unze heures
de nuyt et tous deux d'une ventrée. Et fust le premier né Jehan, et
le pourta baptizer discrète personne messire Jehan Arnier, presbtre,
l'ung des chappellains de Saint-Andrier [4] et curé de Bixi-la-Mas-
connoise [5]. Et Christofle, l'autre aprest né, le pourta baptizer
Jehan du Cellier, alias Verjon.

Et ceste année les vignes firent belle montre de raisin,
mais il vint une tempeste par tout le territoire dudict Tournus, tant que nul ne fist pas de vin à la siezième partie
et encour moings, et n'y eust comme riens de vin oudict
territoire de Tournus. Mais par tout les villaiges estions
belle les vignes, tant que l'on bailloit la pincte de vin pour
ung liart. Et jamais de mémoire de homme n'avoit esté veu la
parille tempeste sus les vignes tant seulement par tout le territoire de Tournus; et estoit encoures beaulcop de vin vielx.

Et avions oudict Tournus en garnison les gens de monsieur le prince d'Orenge [6].

Le blez valoit le boysseaulx XIII et XIIII blancs.

Ch. Dupré.

1. Pierre de Rohan, seigneur de Gié.
2. Lacune d'une ligne coupée par le relieur (fol. 5).
3. Vendredi.
4. Saint-André de Tournus.
5. Bissy-la-Mâconnaise.
6. Jean de Chalon, prince d'Orange.

IV

Notes relatives à François Dupré, fils de Christophe.

(1510-1513)

[1] Anno autem Incarnationis Christi millesimo quingente-
simo decimo, 14° autem kalendas novembris[2], ego Franciscus
de Prato prestiti juramentum alme Parisiensi achademie fieri
solitum, tunc existente rectore dicte universitatis domino ac
magistro Guillermo Saulvaige, in sacra pagina bacchalario for-
mato; et paulo post suscepi gradum bacchalariatus in dicta artium
facultate, tunc rectoratus habenas moderante primario collegii
de Damville, nationis Picardie, ac procuratore nationis gallicane
magistro Stephano Bouchard, regente in collegio Burgundie.

. . . .

Hoc etiam anno, qui est ab Incarnatione Christi 1512, et in
quadragesimali tempore, ego Franciscus de Prato cingulum vite
scolastice solvi, ac manum ferule subtraxi et sic magistrorum
preclare facultatis artium Parisiensis achademie effectus fui comes,
tunc rectoratum gerente in dicta universitate[3]...

Die autem ultima mensis maii hujusce anni, que quidem dies
fuit crastina Penthecostes, ego Franciscus de Prato egressus fui
ab urbe Parisiensi ut inde lares proprios reviserem, mecum itine-
rante magistro Claudio Caillet.

. . . .

1. Fol. 47-52.
2. Le lundi 18 novembre.
3. En blanc dans le manuscrit.

Hoc anno etiam [1512] multum afflicta fuit Burgundia ex frequenti cum equitum peditumve conculcatione. Regressus enim nostrorum ab Italia magnum intulit damnum urbi nostre Trenorchiensi et aliis circumjacentibus locis, quoniam quidam Longobardi [1], quorum dux erat quidem vulgariter appellatus *le Seigneur Jehan Jacques* diu in eadem urbe permanserunt. Quiquidem Longobardi racemos vinearum (licet parva fuisset hoc anno copia), equis suis pascendos prebebant, et etiam diversa alia infanda mala perpetrarunt.

In fine vero anni immediate predatati et hoc toto quadragesimali tempore, quedam pedestris natio vulgariter nuncupata *Lansquenoys* [2], sub stipendiis regiis militans, graviter iterum afflixit Trenorchium et urbem Matisconensem, quoniam pro majori temporis parte populariter victitarunt, et tandem hospitibus insalutatis (non sine gravi habitantium jactura), abierunt.

. . . .

Et hec usque dicta sufficiant, que per me subsignatum exarata fuere recreandi spiritus gracia anno jamdicto [1513] et 10 kalendas augusti [3].

F. Dupré.

1. Lombards.
2. Lansquenets.
3. Le mardi 23 août.

V

Descendance de Simon Dupré, fils de Christophe.

(1520)

[1] S'ensuyvent les enfans de Symon Dupré, filz de Christofle Dupré.

NAISSANCE DE LOUIS, 8 AVRIL 1520.

Premièr[em]ent, fust nez Loïs, en la maison des enffans de feu Jehan d'Aubonne, *jadis imageur de Challon, costé la maison de* Phelebert Guoyon devers vent, et le plastre du pont devers bize; et fust nez le mecredi après Pasques entre deux et trois heures après minuyt, VIII[e] jour du mois d'avril l'an mil cinq cens et XX. Et fust son parrain maistre Loys Tardi[2], notaire royal et procureur de Monsieur de Tournuz[3].

Et ceste année coustoit le bousseau de fromen..., sept gros et demi, et la botte de vin dix et douze frans.

. Et avions ceste année en garnison ausdict Tournuz les gens d'armes à monsieur de Tornon[4].

S. Dupré.

NOTA que ledict Symon n'a heu enfans légitimes que ledict Loys, combien qu'il ait demeuré longuement avec sadicte femme, laquelle, amprès le trespas dudict Symon, son mary, fust admenée

1. Fol. 6.
2. Voir Archives de Tournus, GG. 234.
3. Robert de Lenoncourt, abbé de Tournus (1498-1530).
4. M. de Tournon.

en Auvergne par ledict Loys, son filz, lequel se y retira. Et fust ledict Loys marié avec Lucque Ayme, fille à maistre Jehan Ayme, praticien de Clermont, lesquieulx ont heu belle lignée, de laquelle j'extime que ledict Loys en aura retenu mémoire.

MACON, PROTAT FRÈRES, IMPRIMEURS